何者かになるための継続力

修業ゼロで予約困難店を作った寿司屋大将の思考法

蛎田一博

KADOKAWA

プロローグ

寿司屋の大将になって1年半が経ちます。

2022年7月。僕は有楽町に小さな寿司屋をオープンさせました。名前は『有楽町かきだ』。

カウンターのみの8席の小さなお店。最初は寿司屋ではなくて海鮮丼を提供するお店として始めましたが、開店から10日目で海鮮丼屋をやめ、そして寿司屋としてリニューアルオープンしました。

ちなみに寿司はそれまでの人生でただの一度も握ったことがなかったので、オープン前日にYouTubeで「寿司の握り方」と検索し、予習として動画を観ただけの状態で開店日を迎えました。

初日に来店してくださったお客さんに「寿司を握るのは今日が初めてです」と正直に説明をして提供させていただいた、あの瞬間を鮮明に覚えています。

あれから月日が経ち、8席からスタートしたお店は、今では新宿を一望できる高層ホテルで140席を有する大きな店舗へと成長を遂げました。海外進出する話も具体的に進んでいます。

僕自身、この短期間で寿司屋がここまで成長するとはオープン当時は想像できていませんでした。しかし僕ができることは全力投球で取り組んできましたし、今どうするべきか、次に何をすべきかを毎日真剣に考えてきました。その過程がこの結果に繋がっているのだと思います。

「1年で繁盛店を作った経営者」

ここだけを切り取れば僕の人生は大変にうまくいっているように見えますが、ここまでの道のりは決して楽なものではありませんでした。

僕の人生33年間を振り返ると、本当にうまくいかないことばかりでした。

高校時代、期待されて入部した野球部では挫折を味わい退部、大学受験も失敗、就職活動では希望した会社は全部不採用、独立して始めた会社も順調にいっているなと思っていたタイミングでコロナ禍の影響を受け、一時は潰れるんじゃないかと思うくらいいまでに業績が悪化しました。

自分はなぜこんなに頑張っているのにいつまでも報われないのだろうか……。正直、ずっとこう思いながら生きてきました。

部活でも、受験でも、就職した会社でも、起業した事業でも、ずっと努力をしてきましたし、ある程度結果を残せたものもありました。

しかし報われないことが圧倒的に多かったし、努力や頑張り、実績に対して、周りからの評価が低いといつも感じていたのです。

冒頭でいきなり人生の愚痴みたいになっちゃいましたが、いつも煮えきらない気持ちがあったんですよね。そんな人生にイジけて途中で投げ出すこともできたし、手を抜いてほどほどの成功で満足するという道も僕にはあったと思います。

しかし、そうしませんでした。うまくいかないことも多かったですが、それでもいろいろな挑戦を継続してきた結果、最終的に寿司と出会うことができて、こうやって本が出せるようにまでなりました。

僕が一番大切にしていることは

「まずやってみる。そして継続する状況を自ら作っていく」

これだけです。

僕も継続力を元から持っていたわけではありません。今でも「面倒くさいな〜」と思うことだって人並みにありますし、実際に途中でやめちゃうこともあります。

「え？　継続力について教えてくれるんじゃないの？」と思われるかもしれませんが、そうなんです。

結論から言っちゃうとやめてもいいんです。

もしかしたら「やめてもいい」という考え方が、世間一般的に言われている「継続力」とは大きく異なるかもしれません。

何事もそうですが「よし！　これをやってみるぞ！」と行動を始めたとき、その全てが続けられるはずがありません。少しやってみたら「ちょっと思ってたのと違うかも……」と感じることだって当然あると思います。

そんなときはすぐに方向転換しちゃいましょう。大切なことなのでもう一度言いますが、やめてもいいんです。

まずやってみる、ちょっと続けてみる、そして「これは続けられるかも」と思えるものに出会ったとき、「どう行動するか」。ここ！ ここがとても重要なのです！

そしてその行動の仕方やマインドセットすることにはちゃんとコツがあります。

僕には元々なにか世界で戦えるような突出した才能があったわけではありません。しかし「見つける」「始める」「続けてみる」ということに関しては誰よりもトライアル・アンド・エラーを繰り返してきた自信はあります。

継続力というのは才能とは違って、自分の気持ちの持ち方や考え方、取り組み方で鍛えられるものだと思います。

この本では僕がどのように続けてきたのか、そしてその継続力が人生をどんな風に変えたのかを、何者かになりたいと願うあなたに伝えられればと思います。

はじめに

あらためまして。有楽町かきだ、大将の蛎田《かきだ》一博です。
まずは自己紹介がてら、寿司屋の前身である海鮮丼屋を始めた経緯をお伝えします。
修業0日で予約の取れない寿司屋を作った大将としてメディアで取り上げられることも多かったので、テレビなどで僕を見たことがあるという方も読者のなかにいらっしゃるかもしれません。

「修業0日」「オープン1年」「予約困難店」

たしかにこの3つを並べたら話題性が豊富な飲食店だなと自分でも思います。僕自身、狙ってやっていた部分はもちろんありましたが、ここまで話題になるとは思ってもみませんでした。

僕が寿司屋を始めたのは2022年の7月。それより前の2015年には人材紹介の会社を起業して、事業自体はまずまずの業績で社員を30人ほど雇用するまでに成長していました。「経営者として会社を急成長させている！」というほどではなかったですが、そんなに悪くもない、それなりの経営はできていたと思います。

しかしそんな中、コロナ禍が世界を襲いました。経営者として窮地に立たされたのです。

社会全体が停滞していくとともに企業側の採用は消極的になり、その影響で会社の業績はどんどんと悪化していきました。

これは僕に限ったことではなかったと思いますが、「このままではダメだ」と多くの経営者が考えていたはずです。

「この状況をどうしようか……」

毎月下がっていく売上を見ながら、先の見えぬ不安を抱えていました。経営者として決断をし、行動しなくてはいけない、そう考えていました。

そこで僕が出した結論は「毎日、釣りにいき、そして社員に海鮮丼を振る舞う」というものでした。

「どういう理屈だよ！」と感じる方もいらっしゃるかと思いますが、これには僕なりの考えもありました。

おそらく社員は全員が「なぜ社長は毎日釣りをして、そして海鮮丼を作ることに一生懸命なのだろうか？」と思っていたはずです（実際そう言われたこともあります）。

でもそんな社員の気持ちにお構いなしに、僕は本当に毎日、夜中に家を出発して、船で沖合までいき、魚を釣り、そして釣った魚を使って社員にまかないを振る舞うということを1年間続けました。

なぜそんなことをしたのか。これにはちゃんと理由があります。

想像してみて欲しいのですが、会社の業績が悪くなったとき、毎日社長が来て、社員に指示をし続けていたら雰囲気はどうなると思いますか？　きっと社内はギスギスしていくはずです。

もちろん世の中には社長さんが穏やかな人柄で、フレンドリーな社風を作っている会社さんもたくさんあるとは思います。しかし僕はそういうタイプの経営者ではないという自覚はありました。見た目とか雰囲気に「圧」なり「覇気」なりがあるタイプの社長なんですよね……。

なので、僕もなるべく社員には萎縮せずにのびのびと働いてもらいたいという気持ちがあったので、コロナ禍前も必要以上に会社に顔は出さないようにしていました。そしてコロナ自粛が解除されたあともほとんど会社には顔は出さず、釣りに明け暮れていたのです。

社員もそんな僕を見てどう思っていたでしょうか？　きっと最初は「社長はなぜあんなに毎日釣りをしているのだろうか？」と思っていたでしょうが、それを続けているうちに「社長が毎日釣りに行っているなら、まだうちの会社も余裕があるのだろう」と感じてくれていたはずです。

社長が必死さを見せない方がいい状況もあるんですよね。ドンと構えて（いるように見せて）、釣りでもしていた方が良い場面もあるんです。

社長としてどうすべきか真剣に考えた結論が「釣り」、そして「社員にまかないを作る」だったわけですが(大真面目です)、結論から言うと僕が会社に行かなくても業績はしっかりと回復しました。むしろ伸びていく兆候も見えてきたのです。

もちろん業績回復は一生懸命働いてくれた社員たちのおかげなのですが、僕が出社しないことによって様々な良いことが起こりました。

1 会社の雰囲気が良くなる

書いていてさみしい気持ちにもなりますが、実際に僕が出社しなくなって社内の雰囲気が良くなったと聞いています。

というのも当時は渋谷のビルを一棟まるごとオフィスとして借りていたのですが、その最上階のフロアに僕の部屋があってそこで寝泊まりしていたんですよね。当時はお金もあんまりなかったので節約のためにそうしていたんです。

しかし会社に住んでいると電気が点けっぱなしだったりとか、そういう細かいことがどうしても気になっちゃって、結構注意とかしていたんですよ。

でも社員からしたら四六時中、社長が上のフロアで目を光らせてると思ったらやりにくいですよね。そりゃたまには電気を消し忘れたりするじゃないですか。それをいちいち注意されていたらたまったもんじゃないですよね。

僕にとってもそういった細かいことが、小さなストレスとして蓄積していくわけですから、お互いにとって良くないです。

しかし、コロナ禍以降の僕は夜中に起きて釣りに行き、帰ってきても次の日も釣りだから早寝しての繰り返しだったので目を光らせるという感じではなくなりました。何事も適切な距離というのがあると思いますが、社長が張り付いていることによる弊害というのは学びましたね。

2 社員に任せる

僕は営業出身で仕事をバリバリとやってきた人間です。自慢のようですが、営業成績がいつも良かったので、「自分が一番正しい」と考えている部分があり、社員にはよくダメ出しをしていました。指摘している内容は間違っていなかったとは思いますが、それでも何事もバランスが大切だよな、と今改めて感じます。

社長に注意されてやるよりも、社員に任せて、遠くから見守るくらいに構えていた方が自主性は育っていくと考えを変えました。そして、このスタンスになってからは社員のストレスはかなり減ったと思います。ストレスが減れば自然とパフォーマンスも上がり、それが業績に繋がったのかなと考えています。

起業からの8年間、人材育成に苦労してきましたが、社員の仕事に口を出さずに見守るというのが正解だったようです。それに気づけたのは大きかったです。

3 海鮮丼を福利厚生として出す。同じ釜の飯を喰う

最初に海鮮丼を社員たちに食べてもらったときにすごく喜んでくれたのを今でも覚えています。そして社長として、今まで社員をこんなに笑顔にしたことはあっただろうか、と思い返しました。

会社を大きくするために頑張ってきましたが、「社員の笑顔」について考えたことはありませんでした。

そんな僕は海鮮丼を通して、今までには感じたことのない感情が芽生えたのです。

「美味しいって言われるのって……嬉しい……」

この感情は一体なんだろう……。

経営者としての月日が経ち、心が荒みきっていたのかもしれません。社員のダイレクトな反応を受け取った僕は自分の心の変化を感じていました。

これは僕の性格を知っている人からするとかなりの変化だったと思います。そもそもご飯を人に振る舞って「美味しい」と言われることに対して喜びを見出すようなタイプの人間ではなかったので。

僕は海鮮丼を会社の福利厚生として毎日提供しました。この頃には新鮮で美味しい旬のネタを豊洲市場で仕入れてきて、最高の海鮮丼を提供し続けていました。前はダメ出しと注意しかしなかった社長が、「へい！　おまち」と言いながら海鮮丼を出す職人へと変貌を遂げたのです。

今では社員たちは僕のことを社長という感じでは見ていません。すっかり寿司屋の大将として見ています。海鮮丼を作り始めてからの方が社員たちと適切な距離を取れているような気がします。

4 経営危機からのV字回復

海鮮丼を出せば出すほど業績が回復していきました。まさにV字回復です。会社存続の危機は完全に脱しました。

社員の自主性が上がったこと、ストレスが減ったこと、そして美味しい海鮮丼が食べられることなどさまざまな要因が考えられますが、僕が出社しないという選択は間違っていなかったのです。

もしあのとき、僕がここぞとばかりに張り切って毎日出社して叱咤激励していたとしたら、こうはならなかったはずです。

必死な僕を見て社員たちは「ウチの会社は大丈夫なのだろうか？」と不安になったと思います。

会社存続の危機を「社長不在」で乗り越えたことによって、僕が出社しないほうがむしろ業績が良くなるという事実を目の当たりにして、自分の存在意義について改めて見つめ直すこととなりました。

海鮮丼で逆境から脱した僕は、その後の自分の身の振り方を考えました。会社は自分がいなくても大丈夫、むしろいないほうが順調。会社が軌道に乗ったので、僕は自分の進むべき道を決めました。

「よし、海鮮丼を極めよう」

他人からしたら違和感があるかもしれませんが、自分の中ではごく自然な選択でした。

毎日海鮮丼を作っていくうちに、もっとハイクオリティな海鮮丼を作りたいという欲求を抑えられなくなっていました。ＳＮＳでも海鮮丼の画像がバズり始めていて、経営者ではなく「海鮮丼を作る人」として世間一般に認知されるようになっていったのです。

ずいぶんと長い間、４０００人で止まっていたＳＮＳのフォロワー数もあっという間に1万人を突破し、毎月すごい勢いで増えていきました。

釣った魚だけでは満足できず、市場に出入りするようになり仕入れを強化していきました。盛り付け方のバランスや色合いなど細部にこだわり始めたら、自分でも驚くくらいどんどんとレベルアップしていきました。

最初は社員だけに提供していたのですが、SNSで発信をしているうちに「食べてみたい！」というお声をたくさんいただくようになっていたので、外部の方をご招待したり、取引のある会社さんに出張で振る舞ったり、海鮮丼屋としての活動の幅を広げていきました。

そうするとどうでしょう。会社の業績はV字回復どころか過去最高記録に手が届くまでに良くなっていったのです。

嘘みたいな本当の話ですが、海鮮丼を作れば作るほど、どんどん売上が上がっていく状況。ちなみに海鮮丼は利益度外視でやっていたので、それで利益が出ていたわけではないです。僕が社外で海鮮丼を振る舞うということが、いい意味で営業活動みたいになっていたのだと思います。

その頃には釣るよりも、市場で仕入れた方が効率が良いということに気づいて、早起きをして豊洲市場に通う生活を送っていました。自分が人材紹介の会社の社長だということはすっかり忘れて、完全に海鮮丼屋の大将としての活動をしていました。

僕は海鮮丼の提供数と比例して伸びていく会社の業績を見ながら、海鮮丼屋の道を突き進んでいったのです。

目次

第2章
何者かになるための実践思考

第3章 何者かになるための応用思考

第4章 何者かになった今、考えること

第1章

何者かに
なるための
基礎思考

1

計画は立てない

僕は最初から計画を立てることはしません。目標もあえて決めません。なぜなら僕は自分で立てた目標を達成したことがないからです。

質問ですがあなたは第1志望の大学に合格しましたか？　希望した仕事に就きましたか？　理想の年収を貰えていますか？

つまりはそういうことなのです。

ちなみに僕は高校も大学も第1志望の学校には落ちました。就職でも転職でも第1志望の会社からはお見送り。

25歳で人材紹介の会社を起業した際には気合をいれて目標設定をしました。30歳までに年商30億、会社を上場させて32歳までには女子アナウンサーと結婚する等々……。でも僕はもうすぐ34歳で、独身で寿司屋の大将をやっています。そこで気がつきました。僕のようなタイプの人間には目標設定などは無意味だと。

大体、本を書くような人間は後付けであたかも目標を達成してきたかのように見せているか、本当に自分の立てた目標に対して一切の妥協をせず、邁進して達成してきた天才かが多いように思います。ただ、僕はそのどちらでもありません。

もしこの本を手にとっているあなたが僕と同じタイプであれば、この本は役に立つかもしれません。

未来のことや、難しいことは考えないでください。単純に今すぐにやればいいんです。

僕の場合は思いついた次の瞬間には行動を始めないと気が済みません。むしろ思いついたことを行動に移さないと、それが気になって他のことが手につかなくなってしまうんです。

あと単純に良いことを思いついたとしても、なにもしないと忘れちゃうんですよね。これはもしかしたらクセ付けの話なのかもしれませんが、「思いついたことはとにかくすぐにやる」というクセを自分に習慣化させているという話です。

もう少しわかりやすい言葉にするなら「やるなら今すぐにやる、やらないならやらないと決める」。

この二択のどちらかをその場で決めるだけなのです。意識が高い話ではありません。

やってみて10秒でやめる決断をすることもあります。

僕が海鮮丼屋を始めて間もないうちに、「寿司屋に変えよう」と思ったときもそうでした。寿司屋のアイデアを思いついた僕は、その翌日から寿司屋に業態変更しました。一度も寿司を握ったことはありませんでしたが、そんなことは関係ないです。だってやりたいのだから。

どうなるのか全く想像がつきませんでしたが、寿司を握る計画を立てて、しっかり計画に基づいて訓練をすれば、寿司屋はうまくいったのでしょうか？

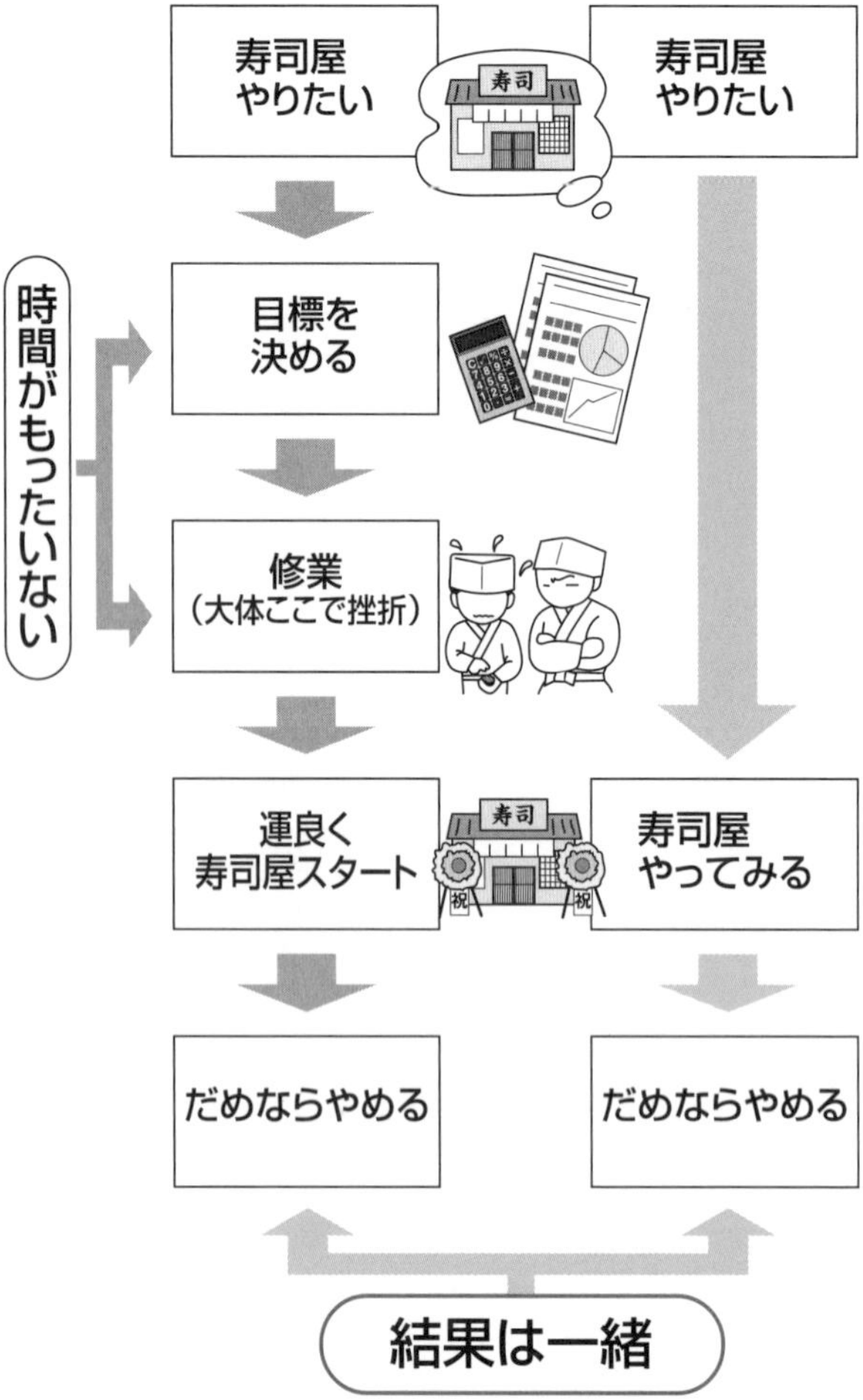
寿司屋
やりたい
寿司
寿司屋
やりたい
時間がもったいない
目標を
決める
修業
（大体ここで挫折）
運良く
寿司屋スタート
寿司
祝
祝
寿司屋
やってみる
だめならやめる
だめならやめる
結果は一緒

右の図を見てください。最初と最後は同じですよね。行き着くところは一緒なんですよ。

目標を設定したあとの修業はとてもつらいですし、どうせ思ったほど上手くいかないことを僕は知っています。**強い。**

2

目標設定よりも、
とにかく
やることが大切

物事はある程度進んでいけば予測や見当がつくと思います。しかしまだ始めてもいないことに関しては、結局のところいくら考えても答えは出ません。

数ある選択肢のなかでも一番手っ取り早いのは、「とりあえず今すぐに始めること」です。うまくいったら続ければいいし、ダメならやめればいいのです。

とにかくやる回数を増やしていけば、自分に向いていることや、続けていても不思議と苦にならないもの、逆に自分の不得手や向いてないものの傾向もわかってきます。

僕が海鮮丼を作り始めたきっかけは「釣った魚で海鮮丼を作って食べてもらったら人は喜んでくれるんじゃないだろうか?」。このくらいの思いつきでした。

まさか海鮮丼を作ることによって会社の業績が上がり、その後に過去最高売上に繋がるなんて思ってもいなかったし、最初から予測を立てることは不可能だったと思います。

一番大切なのは目標設定ではなく、とにかくやってみることです。

仮に目標を設定したり計画を綿密に立てたりしたとしましょう。だからといって確実にうまくいくわけではないのです。

僕もかつて会社の事業で何千万円もの損失を出したことがあります。たくさんの時間を使い、かなり綿密な事業計画を立てて、「よし！　これならイケるぞ！」と会社の総力を挙げて取り組んだプロジェクトでした。しかしその事業はなかなか軌道に乗らず、結果的には撤退を余儀なくされました。

何千万円規模の損失を何回も経験したわけではありませんが、いくら計画してもその通りにいかないときもあるということを学びました。

ではこれを個人レベルのチャレンジに置き換えて考えてみましょう。たとえ失敗しても何千万円の損失になることはないですし、うまくいかなかったとダメージも少ないですよね。そして1回でそううまくいくこともないのです。

僕は興味を持ったものはまずはすぐにやってみます。海鮮丼も最初は「いっちょ作ってみるか！」みたいな軽い気持ちで始めたのですが、思いついた次の日から魚を捌いていました。

僕の場合もいきなり寿司職人になったわけではありません。釣りから海鮮丼を経て、寿司職人というところに辿り着くことができました。でもこれも別に狙ったわけではありません。あくまでも結果として寿司職人になったわけです。

「やるなら今すぐにやる、やらないならやらないと決める」

このことは僕の人生においても、すごく大切にしている考え方なのですが、この言葉には続く言葉があります。

「人生そう長くはないと思うので、やりたいと思ったことはすぐにやらないと気がすまない」

僕は結論からいうと思いついたことは全部やります。ただ早いときはやってみて10秒でやめる決断を下します。「やっぱり無理そうだな」と思ったら、すぐにやめるという決断も必要になってくるのです。

何かにチャレンジするときに躊躇してしまう人は失敗することを恐れているのかもし

れません。しかし別に失敗してもいいのです。

成功する人というのは何かをやった人です。それが1回でうまくいく人もいれば、僕みたいに何回も繰り返して達成する人もいます。何回も続けてやれば確率は当然上がっていきますよね。だから僕は思いついたらすぐにやるのです。

失敗したら周りからどう思われるか気にしてしまうのかもしれませんが、不要な心配です。人というのは100回の失敗よりも、1回の成功に注目してくれるものです。

僕はたまたま寿司がうまくいきましたが、その100倍いろんなことにチャレンジして失敗もしています。しかし誰もその失敗したことは覚えていません。

だからたとえ寿司屋がうまくいってなかったとしても、そのときはまた違うことにチャレンジしていたはずです。


今は順調な寿司屋も未来のことは誰にもわかりません。もしうまくいかなくなったらやめますが、また新しいことにすぐ挑戦します。これが僕の強みです。**強い**。

3

修業ゼロでの挑戦

ここからは海鮮丼屋をオープンさせてから寿司屋になるまでの道のりについてです。僕が世間で注目を集めたのは「修業0日で寿司職人を始めて予約困難店を作り上げた」というところだと思います。

通常、寿司職人は最低10年以上修業をしてようやく一人前として認められる、そんなレベルの厳しい世界です。修業を全くせずに寿司職人としてデビューして、予約困難店を作ったのは長い寿司の歴史の中でも僕だけではないでしょうか。

僕はもともと寿司が好きだったので、東京の有名店や予約困難店はかなり食べに行っている方だと思います。なので寿司職人の素晴らしさや、技術の凄さ、難しさは理解しているつもりです。

ではなぜ僕は厳しい寿司の世界に修業0日で挑もうと考えたのかを話していきたいと思います。

人材紹介の会社のまかないとして海鮮丼を作り始めてから1年が経ち、知り合いからイベントなどにも呼ばれて、毎回大きな反響をいただいていました。話題が話題を呼び、

「海鮮丼を作る社長」として段々と知名度が上がってきました。

僕は「このくらい話題になっていれば店舗を構えてもある程度集客ができるんじゃないか」と考えるようになり、物件を探し始めることに。そのなかで見つかったのが、有楽町の駅の目の前にある有楽町ビルの地下の店舗でした。

有楽町周辺は日本トップの寿司屋の名店がひしめくエリアです。海鮮丼屋ではありますが、名店が軒を連ねる土地に自分の店を出せるなんて夢のような話でした。家賃が格安ということもあって僕はその物件を即決しました。

そうと決まればあとは開店に向けて爆速で準備を進めるだけです。


今まで飲食店の運営はやったことがないので全ては手探りです。社内で海鮮丼事業部を発足させてイキのいい新卒社員を仲間にいれて始動させました。

社内でいきなり海鮮丼事業部というのを立ち上げたので、社員たちは「いよいよ社長が海鮮丼屋を始めようとしているぞ……」とざわついていましたが、僕が海鮮丼にのめり込むほどに、会社の業績は上がっていったので止める人は誰もいませんでした。

カウンター8席のお店だったのですが、内装はそのまま使い、あまりお金をかけすぎないようにして準備をしました。

店名は「有楽町 かきだ」。

地名+名字というのは、超名店によく使われるネーミング方法ですが、僕が大好きで通わせていただいている日本トップレベルの寿司屋「日本橋蛎殻町 すぎた」への尊敬の意味を込めて真似させていただきました。

オープン時はその先に寿司屋になるとも想定していなかったのですが、結果的にはすごく良い名前になったわけです。

開店当日、どのくらいのお客さんが来るのかドキドキしていたのですが、お店の前には長蛇の列ができていました。その数は約50人。

急きょ整理券を配布して、開店前にその日の海鮮丼は完売しました。

当時、僕の海鮮丼はある程度SNSで話題になっていたので、「オープン日だし、お客さんもたくさんご来店してくれたのかな〜」くらいに思っていたのですが、その行列は次の日も、その次の日も途絶えることなく続きました。1週間が経過してもその行列はなくなるどころか、むしろ長くなっていく一方でした。

飲食店を始めるものとして絶対にやってみたいことが2つあります。「行列店」と「予約困難店」です。

僕は「ラーメン二郎」が大好きで、よく目黒店に行くのですが常に行列ができています。雨の日も風の日も、真夏も真冬も平日とかも関係なく、二郎には常にその味を求めてお客さんが行列を作っています。

美味しいものは並んでも食べたい。飲食店にとって行列というのはお客さんに愛されている証であり、人気店の象徴なわけです。僕は憧れである「ラーメン二郎」のような、人気で行列の絶えないお店にしたいと考えました。

そしてその思いが初日から達成され、しかもずっと続いたのです。

オープンして10日が経ったとき、僕は完全にこの店が行列の絶えないお店になると確信をしました。もちろんネタを良くしてみたり、盛り付けを変えてみたり、海鮮丼の改良はその短い期間にし続けていきました。

お客さんからの口コミも良く、かなり満足度の高い海鮮丼を提供できていたと思います。多分そのまま続けていれば、海鮮丼屋の名店になる未来も見えていました。

しかし「行列店」を達成すると、僕は次に実践すべきことを意識し始めたのです。「予約困難店」という高みを。

飲食店をやっている人なら誰しもが憧れる「予約困難店」。目指したからといって、なかなかなれるものではありません。でも「海鮮丼屋を開店したらすぐに行列店にできたのだから、予約困難店にだってきっとなれるはずだ」と思っていました。

結論からいうとすぐに予約困難店になることができました。

どんなことを考えて、行動してそうなったかはこのあと伝えていきたいと思いますが、寿司屋を始めてわりとすぐに、3ヶ月先まで予約で埋まるような状況を作ることができたんです。

4

そもそも社会生活こそが修業

世間では僕が修業0日で寿司屋の大将になったと認識されてますが、実をいうとちょっと違います。寿司の修業はもちろんしてなかったのですが、僕はずっと社会で修業をしていたのです。

大学時代はキャバクラのボーイとして3年間働いていました。わがままを言うキャストをなだめたり褒めたりしながら、気持ちよく働いてもらえるようにするのがボーイの仕事です。

お客さんに理不尽に怒鳴られたりもしましたが、それもうまく接客して収めたりしていました。まだ20歳そこそこの自分はかなり鍛えられました。

社会人になってからは証券会社で飛び込み営業をやっていました。ピンポンとチャイムを押して株や投資信託を売る仕事です。いろんな家に飛び込むので、当然いろんな方に出会います。「もう来るな!」と怒鳴られたり、ここには書けないような罵詈雑言を浴びせかけられたこともありました。でもいちいち覚えていたら精神が持たないので、細かいことは忘れてしまいましたが……。

そのあと人材紹介の会社に転職してからは法人営業をしていました。社会人になってからはずっと営業をやってきたんです。そこで自分は営業が得意ということがわかったので、26歳で同じく人材紹介の会社を起業したのですが、それから寿司屋を始めるまでの6年間はずっと会社を経営してきて、従業員を100人雇うまでに成長させました。

これは紛れもない修業だったと思います。なので、実は修業0日ではないんです。社会に出てから今までずっと修業をしてきたんです。

寿司屋の仕事は皿洗いだったり、魚の鱗取りだったり、米炊きだったりしますが、僕は寿司屋ではないところで、違う修業を続けていたのです。

寿司屋をやると決めてからは、毎朝6時に市場に行って魚を買い付けて、YouTubeを見て勉強しながら慣れない手付きで魚の仕込みをする。そして合間に会社経営をして、夕方から寿司を握り、24時に帰宅して次の朝6時に市場に行くという生活を半年間、休みなくやりました。

もし現代の働き方に合わせるのだとしたら、その半年できっと普通の人の2年分くらいの仕事量をしていたんじゃないでしょうか。そのくらい濃密な時間を、寿司屋の大将になってから過ごしてきた自負があります。

寿司屋に修業が必要かどうかはＳＮＳ上でもたびたび議論に上がっていますが、どういう寿司屋を目指すかや、寿司屋の大将のキャラクターや経験にもよるので、明確な答えはないと思います。

ただ、仮に10年寿司屋で修業をしてから独立して自分の店を持ったとしても、その後、何十年と寿司屋の大将をやっていくことになると思います。つまり大将になってからの人生の方が圧倒的に長いのです。

ちなみに僕はこの本を書いている時点で1年2ヶ月ほど寿司屋をやっています。あと9年経てば10年の修業が完了するわけです。しかも僕は普通の人に比べて時間を4倍濃縮して人生を過ごしていると考えているので（実際そのくらいの動きをしているので）、9年経てば40年相当の修業をしたことになると考えています。**強い**。

5

練習のための練習はしない

テレビに出演したときにYouTubeで魚の捌き方、寿司の握り方を学んで、それだけでデビューした大将として紹介されました。

たしかに僕は寿司屋になるために必要な職人の基本的な技術をネット動画で学びました。しかし勉強しただけでは寿司屋の大将になることはできません。

僕はお店を始めてから半年間、ほぼ休みなく朝6時に市場に行って仕入れをしたらすぐに店に戻り、お客さんに提供する魚をずっと捌き続けました。それもかなりの量です。しかも予約は毎日たくさん入っていたので、のんびりと練習している時間はありませんでした。毎日が本番だったのです。

これはどんな仕事にも共通することだと思うのですが、練習を何百回繰り返したとしても、たった1回の本番には経験としては勝てません。

営業の仕事ではロールプレイングという疑似練習がありますが、実は練習を何回やっても営業はうまくならないのです。なぜなら緊張感が本番とは全然違うからです。練習は1、2回で十分です。

やり方がわかったらたとえうまくいかなくてもいいから、とにかく現場に出向いて真剣勝負の本番を何回も経験することが重要です。

ある有名な寿司屋に行ったときに「若手職人で上達するのが速い人の特徴はなんですか？」と大将に聞いたことがあります。大将はこう答えました。

「いつまで経ってもうまくならないやつはアジとかイワシとか安い魚を買ってきて、たくさん捌く練習をする。うまくなるやつは自分で1匹1万円するノドグロみたいな高級魚を買ってきて捌く。そういうやつは上達する。なぜなら失敗ができないから緊張感を持って捌く練習をするから」

「1匹のノドグロ理論」

この教えを僕はそう名付けたのですが、いつでも本番だと思ってやれる人間が一番成長速度が速いんです。

なかには凄まじい集中力でアジをノドグロだと思って捌くことができる人もいるそうですが、そういう人はノドグロを捌かせてもうまくできると大将はおっしゃっていました。常に本番の意識があるんでしょうね。

野球で例えると、打撃練習をするなら本番の打席に立っていると思ってやる方がいいし、営業のロールプレイングも「今がまさに本番」だと思って取り組んだら成果に繋がると思います。

練習のための練習はなくて全部本番のための練習なんです。強い。

僕の寿司屋の場合はお客さんにお出しする寿司が実戦であり、毎日が本番なんです。何者かになりたいのであれば今すぐ練習をやめて、本番だと思って取り組んでください。そうすればものすごく速い速度で上達できると思います。

6

正攻法に囚われない

正直な気持ちを話すと、僕はもっと早くバズってもよかったんじゃないかと、今でも思っています。そう思えるくらいにさまざまなジャンルで本番の数をこなしてきたんです。そして寿司でようやくバズることができました。バズるのってすごく難しいですよね。

人材紹介の会社を起業して死にものぐるいで頑張ってきましたが、世間に注目されるようなことはありませんでした。SNSでも時間と労力を使ってたくさんのコンテンツを作りました。でも全然バズりませんでした。

会社のアカウントで「タイムスリップ説教」とか「転職彼氏」という、今まさにいろんな企業さんがTikTokでやっているようなネタ動画を、ブームのかなり前から作っていたんです。自分ではけっこうおもしろいと思って作っていたんですけど、残念ながらスベりまくっていました。

それでも諦めずに挑戦し続けてたまたまバズったのが寿司だったんです。ようやくたどり着いたって感じです。まさに継続力ですね。

なぜこんなにもバズったり、ウケたりすることに対して一生懸命なのか？

そのことを自分でもよく考えるんですが、「もし自分が慶應義塾大学を出ていたら……。塾生だったら……」というイメージが頭の中にあるんですよね。自分が想像しうる最高到達地点の自分のイメージです（ちなみに僕は慶應義塾大学を受験すらしていない……）。慶応義塾大学を出た僕は、きっとゴールドマン・サックスかマッキンゼー・アンド・カンパニーで働いているわけですよ（勝手な想像です）。

仮にそんな自分の人生があったのだとしたら、「そのときの自分はどんなものを手に入れていたのかな？」と考えるわけです。地位やお金、名誉。周りからもきっと「すごい」と言われますよね？

俗っぽい考え方かもしれませんが、みんな少しは考えることだと思います。

「あの大学に合格していたら……」

「あの企業に就職できていたら……」

しくじった過去を振り返り、なかった未来を夢想する。全部がうまくいったときの人生と、今の自分の人生を比べるわけです。

僕は人材紹介の会社をやってきたので転職希望者の話をたくさん聞いてきましたが、あまりにもストレートな正攻法で自分の人生を挽回しようとする人が多く見受けられました。

前述した例えで言うと、慶應義塾大学に入れなかった人が一生懸命にゴールドマン・サックスに入ろうとする、みたいなことが実際に結構あるんです。

ここ（正攻法）にこだわりすぎると成功は難しいです。おすすめはアプローチの仕方を変えること。

「違った自分の人生」のイメージを持つことは、必ずしもネガティブなことではありません。もう1人の自分をライバルだと思って競争して勝てばいいのです。

ただ、戦い方には少し工夫が必要です。ゴールドマン・サックスに入れなかった僕が寿司屋の大将になったように、全く違う方法でライバルの自分に挑んでいく必要があります。

ゴールドマン・サックスやマッキンゼー・アンド・カンパニーで働く以外のやり方で、「違った自分の人生」を超えればいいってことです。

僕も寿司屋にたどり着くまでには、たくさんの違った道を試してきました（継続力！）。たまたまバズったのが寿司屋でしたが、なにかタイミングが違えば、ほかのことでバズっていたと思います。

今は寿司を握って、みんなに「すごい（強い）」って言われているので満足しています。

皆さんも正攻法にこだわらず違った方法を使って、後悔が生んだ自分像に勝ちにいきましょう！

7

下積みや修業は
バカほどやるべき

ほとんどの人間は天才ではありません。

ごく稀に生まれながらの天才もいますが、その天才は努力を努力とも思わず、1つのことを追求し続けていたりします。

大谷翔平選手を見てください。類稀なる野球の才能を持ち、しかも体格にも恵まれています。しかし誰よりもストイックに練習をしています。

東大に入ったり、医者になるような人たちはもともと頭がいいのにもかかわらず、さらに勉強するし、努力をしていますよね？

そういう天才たちのインタビューを聞いたりすると、努力の気配を一切見せず、さらりとスマートに受け答えしていたりします。

そういう非凡なる天才たちの言葉を僕ら一般人は真に受けてはいけません。

下積みや修業というのはバカほどやるべきなんです！

凡人が何か1つのことで花を開かせようと思ったら楽な道はありません。必ず修業が必要になってきます。

では僕たち凡人はどうするべきかについて考えましょう。

僕の修業例を見るとわかりやすいかもしれません。半年間、毎朝6時に起きて24時まで寿司のことを考えて過ごしました。短期間でこのくらい極端にやっている人間もなかなかいないと思いますが、凡人が活躍しようと思ったら、このくらいの努力は必要になってきます。

世間で活躍している人は誰に言われるわけでもなく、きっとこれくらいのことはやっていると思います(僕みたいに口に出していないだけです)。

これだけ読むと「ツラそうだから無理かも」と思うかもしれません。でも僕はやりたくないことに対して「ストイックに実践しろ!」「修業をしろ!」と言いたいわけでは決してありません。

修業はもちろん、何かを続けることはとても難しいことです。でもそれを続けられるコツというのがあるので、このあとお伝えしていきたいと思います。

僕も決して天才とかではないですし、元から続ける才能があったわけでもありません。どちらかというと続ける才能に関してはなかったほうだと思います。根が怠惰なんです。

8

練習での完璧は目指さず、今すぐ本番に挑む

僕は言いたい。

「いつまで練習をしているの？」
「どれだけ準備をしたら満足するの？」
「どんな状態になったら本番に挑むの？」

完璧に準備をしてから本番に挑もうとする人が多すぎます。完璧を目指そうとすると身動きが取れなくなってしまうのです。

僕もそうですが、なにか1つであっても完璧にできることなんてないですよね？　だから「完璧じゃないから」とやらない人は、それをやらない言い訳にしてるとしか思えないのです。

世の中には起業しようとしている人がたくさんいますが、準備を完璧にしようとしてなかなか会社を作れずにいるパターンが多いです。

完璧な会社を作ろうと思ったとき、「財務知識が必要」「人材の採用育成の知識が必要」「マーケティング、商品開発力が必要」……言い出したらキリがありません。

そんなことを言ってたらいつできんの？

経営者がよく考えている従業員数の壁の問題もそうです。10人の壁、30人の壁、50人、100人、300人……。いつその壁を超えるの？　結局やるしかなくない？

日本を代表する寿司職人がいたとして、その職人は毎日完璧な寿司を出せていると思いますか？　大谷翔平選手はすべての打席や投球で完璧なパフォーマンスができていますか？

きっと完璧ではないはずなんです。世界一の職人や選手だっていつも完璧なパフォーマンスを発揮できるわけじゃないのに、一般の人がそれを求めてやろうと思っても無理です。完璧を求めたらいつまで経っても準備が終わらず、本番に挑めないですよ。

本当のことを言えば、この本すら読まずに、今すぐ閉じて、なにかしらの行動を起こしてください。

それができない人はこの先を読んでください。

完璧を目指す必要はなく、一番重要なのは本番なのです。

そもそも人生の中でも「ここぞ」という本番はなかなか回ってきません。営業でも大事な商談は簡単には任せてもらえないですし、寿司屋だったらそもそも板場に立つことも、寿司を握ることも難しかったりします。

練習や準備が不要だと言ってるわけではありません。本番に向けて準備はしておいてください。でも練習をいつまでもしていても仕方がないんです。

不安は常について回るんです。その不安を吹き飛ばす唯一の方法は、打席に立ってかっ飛ばすしかないんです。

もう練習はやめて自分から本番に向かっていってください。

9

理想の自分を演じれば、物事を継続できる

僕は皆さんに問いたい。

「あなたはどういう人間ですか？」

この問いに答えられたとしてその認識は本当に正しいと言えますか？　そしてそれを証明できますか？

これはかなり難しい問題です。自分はどういう人間なのか、そしてどんな人間として周りから見られているのか、自身で理解していない人が多いです。

デカルト

「我思う、故に我あり」

有楽町かきだ大将

「そもそも自分ってないよね」

「自分はどういう人間なのか?」

デカルトは右の図のように言っていますが、自分の存在について僕の中では1つの答えが見つかっています。

自分というのは、そもそもないんです。

「自分はこういう人間です」と言うのは自由ですが、それは絶対に証明できません。きっと10年前の自分は今とは違ったし、10年後も変わっているはずです。また、見る人によってもその「自分像」というのは変化すると思います。だから自分というのは、突き詰めると「ない」のです。

では自分というのは誰が決めるのでしょうか? それは他人です。

自分が思う自分より、他人から見た自分の方が認識として正しいと僕は思います。人は自分のことを良く思ったりしがちなんですよね。なかなか客観的には見られないものです。だから自分を見出そうとして、自己分析をしたりしても本当の自分というのは結局はわからないと思います。

なら、どうすればいいのか？

演じればいいんです。自分が理想とする自分を、自ら作って、その自分に近づいていけばいいんです。そうすれば他の人から見た自分と、自分が思う自分との間にズレがなくなるはずです。

だから僕は演じているんです。人から見て「継続できる人間」を演じているんです。

本来、僕は物事を継続できる人間ではありません。でも継続できる人間を演じているから、周りからそう認識されているだけなんです。

自分が理想とする自分を一度設定して、その理想像を演じるということをやってみてください。

これはとても重要な考え方なのでこのあともお伝えしますね。

10

「続けなきゃいけない」という思い込みを捨てる

継続力について語るうえで大事なのが、「続けなくちゃいけない」という思い込みを捨てましょう、ということです。

これは日本の教育制度の悪い部分だと思うのですが、なにかを始めたら絶対に続けなければならないというプレッシャーがありますよね。でも、それって本当に正しいんでしょうか？

継続することはたしかに大切です。しかし続けることが絶対の正義だとは限りません。自分に向いてないことを続けるのはすごく苦痛だし、そもそも続かないと思います。「やめることも時には必要」という考えを持つことができれば、気軽にいろんなことに挑戦して、自分に合ったものに出会える機会が増えるのではないでしょうか。

学校教育だけではなく、日本の社会全体でも「継続しなければならない」というプレッシャーが新しい挑戦の機会を奪っているように見受けられるので、自分に合った継続できるものを見つけるためにも、「気軽にやめていいんだ」という考えが浸透してほしいと願います。

僕もかつては高校野球を一年生のときにやめました。今でもよく覚えているのですが、野球部の顧問、先生や両親に部活をやめることについて、散々イヤなことを言われました。

「逃げグセが付くぞ」

「中途半端でやめるのか？」

細かいことは忘れてしまいましたが、高校生ながら「16歳の子供にそんなこと言う？」と思うくらい、人格否定とも感じる言葉を投げられました。

たしかに周りの大人は教育的な意味合いもあってそういう風に言ってきたのかもしれません。でも僕は1回始めたことは何がなんでも続けなければならない、やり通さなければならないという学校教育の呪いのようにも感じたのです。

一体誰が部活は続けなければいけないものだと決めたんでしょうか？　野球部を途中でやめたっていいじゃないですか？　そのあとにバスケをやってみたり、ほかの部活に入ってみたりしてもいいと思います。

「何かを絶対に続けなければならない」という思い込みから解放された瞬間に、新たな可能性が広がっていくと思います。

周りの大人たちに散々なことを言われた僕でしたが、今ではそのことに感謝しています。「『部活をやめた人間は中途半端になる』という言葉を絶対に見返してやる」。そんな気持ちがあったから、そのあとの人生を頑張れたのだと思います。

僕の生き方が証明しているように、途中でやめても大丈夫です。ダメだと思ったらすぐにやめて次に進んでください。なにかを試みて、挑戦してみること、その回数を増やすことの方がよっぽど大切だと思います。

逃げることも、進むための方法の1つなんです。イヤなことは無理に続ける必要はありません。続けたいこと、情熱を注ぎたいことを早く見つけてください。

イヤだと思っても続けられる忍耐力は素晴らしいことだけど、何かを成し遂げるためには、やめる決断も選択肢の1つです。

まずは試す。試したなかからいいものを見つける。そしてそれを続ける。この順番が重要ですし、合わないと思ったらすぐにやめて、また試すところに戻りましょう。

11

継続の捉え方を変える

突然ですが野球選手や寿司職人がやめたいと思ったことが一度もないと思いますか？

やめたいって思ったことあるんですよ！　絶対に！　みんなあるんです。

しかし、何かの縁や偶然が重なり、やめなかったり、やめたけれど復帰したりすることもあります。これは単なる気合や根性とかの話じゃなくて、周りの状況とか環境の影響が大きいのです。

野球選手が「お世話になった監督やファンの期待を裏切れないな」と思ったり、寿司屋をやめようと思っていたときに常連さんが来てくれて「店が無くなるのはさみしいな」と言ってくれたり、そんなことで続けようという気持ちになるものです。

人生で考えると自発的に続けるよりも、周りの影響で続けていくことのほうが多い気がします。

つまりは継続することは、自分の気合や根性だけでは難しく、一番大切なのが周りとの関係性や環境を作っていくことなのです。自分が「頑張ろう」「続けよう」と思っても、その継続を支えるものがなければ、長続きさせることは困難です。

継続力は作れます。そのためには周りが重要なんです。

大谷翔平選手は今すぐ野球をやめられると思いますか？　やめられないですよね？　お金は十分すぎるほど持っていると思います。でも日本でトップクラスの選手になって、メジャーリーグで二刀流で活躍して、次々と記録を作って、スポンサーもたくさんついて、チームに欠かせない存在になって……。この状況でどうやってやめるんですか？

大谷選手には到底敵わないですが僕にも経験があります。寿司屋で予約が半年先まで埋まり、毎日の問い合わせは５００件以上。予約困難店になって「もう十分！」となったときがあったんですよ。

でもその状況ではやめたくてもやめられなかったです。だって半年先まで予約が入っているんですから。期待してくれているお客さんがいるんですから。予約が入っていたからこそ、半年間は続けてみるかって気持ちで今までやってこられました。

だから継続するってことは単なる個人の気合や根性に頼るだけではなく、周りの環境を作り上げられたら楽チンだよ、という話です。

第2章

何者かに
なるための
実践思考

12

やめることで新しい挑戦ができる

自分の得意なことや好きなこと、続けられそうなことを見つけるためには、そもそもやってみないとわからないことがあるんですよね。だから「挑戦してみて、途中でやめることは決して悪いことじゃない」ってことを僕は伝えてきました。

やめること自体に何か問題があるんですかね？　誰かに迷惑をかけたとしても、どちらにせよ続けてたって迷惑かけますよね。だからそんなに気にしなくていいんですよ。**やめることに罪悪感を持つ必要はないんです。むしろ、やめることを選んだら時間が増えるので、やってみたいことに挑戦できると考えてほしいです。**

たくさん挑戦し、途中でやめてみることも、自分を知る上で必要な経験なのです。

僕もいろんなことをやってきた分、たくさんやめてきました。ボイトレに通ったことがありましたが、たいしてうまくならなかったので4回でやめました。やってみて「これじゃないな」とわりとすぐに気づいたんです。

ゴルフもやりましたが、魚釣りの方が好きだと気がつきました。ダイエットをやってみたこともありました。筋トレも始めました。

でもダイエットはやめました。ダイエットすると体重が減っちゃいます。そうすると力が弱くなります。僕は強い人間になりたかったので、ダイエットはやめました。

そう、スリムな体はあきらめて、強く大きな体になることを選んだのです。ダイエットをやめることで、体を強くすることに集中できるようになりました。

ＢＩＧ３という３種類の重りの合計を競う種目で合計５００kgを持ち上げることができるようになりました。素人が７ヶ月の練習でここまで上げるのはとてもすごいとたくさんの筋トレ関係者に言われたんですけど、ダイエットをやめたから達成できた記録だと思っています。

あのときの僕はダイエットをやめると同時に、筋トレをして強くなることを決めたのです。そのおかげで僕はいつでも好きなときにラーメンを食べられるようになりました。ほんの少しの罪悪感を持つこともなく。**強い。**

強さのゲージ

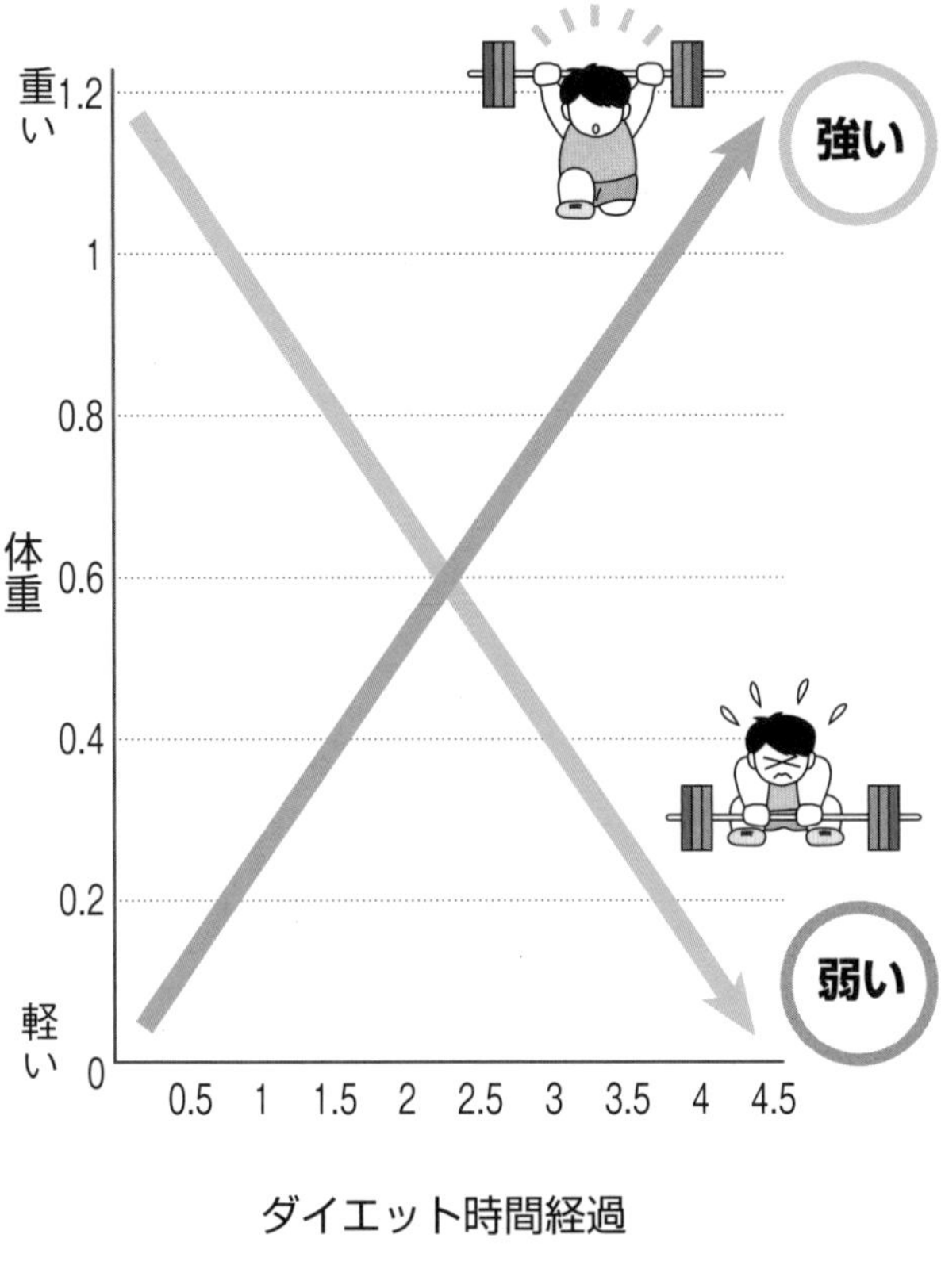

13

やってみたら向いてることはすぐわかる

幼少期の自分の夢や友達の夢について覚えていますか？

実は、僕たちは過去について自分も含めて周りのことも大して覚えていないんです。たとえ友達の夢がプロ野球選手だったとしても、大人になって、そのことをバカにしたりしませんよね？　自分もその友達も、過去の夢や目標を実現できなかったとしてもそれは過去の話です。

幼少期に限ったことではなく、大人になっても同じです。やりたいこととか、夢や目標もころころ変わったりするものです。だからといってみんなあまり気にしないのです。

日本を代表するアーティストがある曲の歌詞を毎年少し変えてライブで歌っていると聞きました。前の歌詞を覚えている人は、熱狂的なファンを除いてはほとんどいないでしょう。

偉大なアーティストのことでさえ覚えている人は僅かなのに、我々一般人の過去の発言に対して誰が忘れずに覚えているでしょうか？　自分が過去に何を言っていたかなんて、全く気にする必要はありません。

得意なことや不得意なこと、それらは実際に試してみないとわからないことが多いです。自分が得意なことを見つけるには、そのことを実際にやってみる必要があります。足が速いかどうかは走ってみないとわかりません。数学が得意かどうかも数学をやってみないとわかりません。得意なことは、試してみることでわかるものなのです。ですから、自分は何が得意なのかを見つけるためには、いろんなことに挑戦してみることが大切です。

そして得意なことは一発でわかることが多いです。初めて試した瞬間に、「これは得意だな」と感じることがあります。

もちろん、その後の練習や努力が必要かもしれませんが、得意なことを見つけるのは比較的簡単なのです。

実は不得意なことのほうがわかりづらかったりします。なぜなら不得意だと思っていたことが実は得意だったという場合もあるからです。見極めるのが難しいんです。

例えば、包丁の握り方がわからない人が、包丁捌きが器用かどうかわかるはずがないし、バットの握り方がわからない人が打撃がうまいかもわかりません。だから少しやってみて続けてみないとわからないんですよね。

ただ得意なことに関しては、出会ってしまえばすぐにわかることが多いです。

僕は社会人になって営業を始めた途端に、営業でいい成績を出せちゃったんですよね。全く努力もしませんでした。しかも得意ですぐに結果も出るから続けることも苦にならないし、うまくなるための勉強ももっとできるんですよね。

もし、勉強（英語・国語・数学・社会・理科）が営業（ビジネスパーソンが持つべきスキルの1つ）くらい得意だったら僕はきっと慶應義塾大学、いやＭＩＴ（マサチューセッツ工科大学）に首席合格していたことでしょう。**強い**。

僕には営業という得意なことがありました。そしてそれを見つけることができて、自分の活躍の場を見つけました。

自分が得意なことを見つけるためには、何か新しいことに挑戦し、自分の可能性を広げてみる必要があるのです。

まだ今までの人生で得意と思えるものに出会えてない人は単純に試した数が少ないんだと思います。

やってみたら、自分に向いてることはすぐわかります。

最初から「これは得意だぞ」とか、やってみて苦にならないと思えるものに出会えるまで新しいことにチャレンジし続けてみてください。

14

今すぐできるなら今すぐにやるべき

人生の中でやりたくてもやれないときや、やりたいことがあるにもかかわらず、それをできない場面や状況があるんです。事情があってやれない人もいます。またやれてても、それを続けられなくなるときもあるんです。

もし、あなたが今すぐやれる状況や環境なのだとしたら、それはとても恵まれています。それを自覚したほうがいいです。

シンプルに「今できるならやれよ」って話なんです。言い訳を考える前にやったほうがいいんです。

例えば、留学したいと思っている場合を考えてみましょう。

もし貯金があったり、もしくは親がサポートしてくれるなら、その夢を実現するために今すぐに留学の申し込みをすべきです。状況や環境が揃っているなら今が留学のチャンスです。機会を逃さないようにしてください。何年後に行こうとか思うんじゃなくて、明日は来ないかもしれないと思って行動したほうがいいです。

なぜ僕が「やれるなら、今すぐにやるべき」ということをここまで強く言うのか、それには明確な理由があります。

現実的な理由（例えばコロナ禍のような状況）によって実現が難しくなるとか、この先なにがあるか本当にわからないんです。未来に起こることに関しては自分ではコントロールできないことが多いんです。

あなたが今やりたいことができる状況にあるなら、それは本当にラッキーなことなのです。その恵まれた状況を認識し、最大限に活かすべきです。

わかりやすい例えで留学の話を出しましたが、これは起業を考えてる人でも、未経験で寿司職人になろうと思っている人でも同じです。もしあなたが何かを始めようと思っていて、すぐにできる状況や環境にいるのでしたら、それは幸運です、ラッキーです、恵まれています。

そのことを理解して今すぐやってください。

15

お前はもう死んでいる

僕自身が思いついたらすぐに行動することとか、やれるなら今すぐにやれって思うのは、僕は「もう死んでいる」からなんです。そう思って生きています。

どういうことかというと漫画『北斗の拳』の主人公・ケンシロウが、敵の秘孔を突いた後に言うあの決め台詞です。

「お前はもう死んでいる」

人生は北斗神拳伝承者のケンシロウに秘孔を突かれたようなものなのです。いずれ死ぬことが確定しているのだから、僕らはもう死んでいると言えるでしょう。

このことに気づいていない人が多いんじゃないかと思います。

誰しもいつか死ぬ運命にあり、死ぬことが決まっているんです。

遅かれ早かれ、いずれその瞬間を迎えることになります。それがあと5秒なのか、それとも50年なのかはわかりませんが、カウントダウンは今もされているのです。僕はケンシロウに秒読みをされているような感覚を常に持つようにしているので、明日やるんじゃなくて今すぐにやろうと思っているんです。

自分が歳を取り、80歳になったとき全財産を捧げてもう一度若返って生きたいとかいう話ってよく聞きますよね。それを思うと今この時というのが、すごい財産に思えてきませんかね？

明日やろうと思ったら、あなたの秘孔を突いたケンシロウのことを思い出してください。「お前はもう死んでいる」ということを思い出してください。

16

自信や余裕を持っている人ほど成功しやすい

僕が海鮮丼屋を始めたいと思った理由は、とてもシンプルでした。

単純にやりたかったんです。

ごめんなさい。理由になってないですよね。でも完全に思いつきでした。僕はラッキーなことに社長だったので海鮮丼屋をやるくらいのいくばくかのお金もありましたし、コロナ禍で仕事がなくなっていたので暇で時間もありました。

思いついてすぐに物件を探し始めたのですが、いつも僕のことを気にかけてくれていた社長友達が見つけてきて、物件を紹介してくれました。有楽町駅前というめちゃくちゃ好立地だったのですぐに契約を結びました。内装もそのまま使えるような状態だったので、工事費などもほとんど掛からず、初期投資もかなり抑えられました。まかないから始まり、1年以上海鮮丼を作り続けてうまくいくイメージは湧いていたので、不安な気持ちはあまりなかったのです。仮にもしダメだったとしても、お店を閉めればいいだけだと思っていました。

むしろここまで好条件が揃っていてやらないという選択肢はありません。あとその物件は1年後にビルの取り壊しが決まっていたので、スタートの段階で良くてもダメでも1年でやめるつもりで始めたんです。

僕の場合は気軽にお店をオープンしちゃいましたが、このくらいの勢いで物事を始めても良いってことです。しかも結果的には繁盛させることもできたので、入念な準備よりもスピードが重要な場合もあるということです。

ビジネスはすべてそうですけど、肩の力を抜くことも大切なんです。あんまり気合を入れ過ぎたり、人生のすべてを賭けるつもりでやったりすると、ビジネスはだいたいうまくいかないんです。

僕も肝きり（下ごしらえ）の仕事がうまくいかなかったことはいくらでも経験があるので、時間を掛ければ良い結果に繋がるとは限らないということを実感しています。

「よし！　いっちょやってみるか！」

このくらいのテンションでいいんです。

野球でもガチガチに力を入れて打席に挑む選手はだいたい打てないんですよ。別にこれが最初で最後の打席というわけではありません。打てなくても死ぬわけじゃないので「よお～し、軽く打ってやるか」くらいの気持ちで打席に向かい、バッターボックスでは「当然打てるっしょ！」というような心構えで挑みましょう。

もし三振しても、また次もあるので大丈夫です。「今回ダメだったから、次回は打てるでしょ」と自信を持って、次の打席に進むのです。

野球の話で言えば、僕は学生時代にずっとピッチャーをやっていたんですが、生涯で一度だけホームランを打たれたことがあります。相手は中学生時代の中田翔選手でした。マウンドに立った僕はバッターボックスでゆったりと構える中田選手と対峙しました。そして思いっきり振りかぶって渾身のストレートを投げ込みました。

あの瞬間は今でも忘れません。ボールを握りしめて振りかぶった瞬間、手からボールが離れる前に「あ、打たれた」とわかったのです。投げられたボールは中田選手のバットに吸い込まれていき、そして特大の放物線を描きながらスタンドに消えていきました。

バッターボックスに立っていた中田選手は最初から最後までずっとリラックスしていました。「このくらいのピッチャーなら打てて当然でしょ」と言わんばかりにゆったりと構えていたのです。これが僕の人生でたった一度だけ打たれた、最初で最後のホームランの思い出です。

野球はもちろん、ビジネスや人生においても、自信と余裕を持って挑むことが大切だということを、あの日ゆったりと構えていた中田選手から僕は感じ取りました。

世の中は不思議なもので、自信や余裕を持っている人ほど成功しやすい気がします。

ガチガチに緊張しちゃう人は、失敗しても次があると思ってください。というか次があるでしょ？

17

「やらないこと」を決めてみる

人生は予測不可能で、思い通りに進むことは滅多にありません。

僕が会社を設立したとき当然事業計画や目標設定をしました。しかし、物事が計画的に進むことはないのだと痛感しました。

全部が無駄だったとは言いません。ただ、計画を立てたり準備したりする時間を考えると、これは意味があるのかな?と疑問に思うことも多かったです。

僕は直感で動くタイプなので物事をすぐに進めたくなります。頭の中にはなんとなく進むべき方角があるくらいで、5年後、10年後のことなんて本当にわかりません。なんなら来年、自分がどこで何をやっているのかさえわからないです。

ちなみに去年の今頃は、新宿の高層ホテルで寿司屋をやっているなんて0・00000001ミリも思っていませんでした。こんな未来は計画してできるもんじゃないんですよ。

目標設定や計画立案をしないわけですが、自分の中ではしっかりとした判断基準があります。

それは「やること」と「やらないこと」の区別です。

僕自身のルールブックの中では何かを「やること」と同時に「やらないこと」を非常に重要なこととして捉えています。

世間では「やること」「やりたいこと」の方が注目されがちですが、実は「やらないこと」を決めるほうが大切です。べつにそんなに意識の高いことじゃなくてもいいです。日常生活の中でもこの「やらないこと」を決めるというのを取り入れることはできます。

例えば「でも」「だって」といった言葉を使わないと決める。こんなことでもいいです。いや、こんなことと書きましたが、「でも」「だって」を使わないと決めただけで、人生はけっこう良い方向に変わると思います。

あとX（旧Twitter）で「クソリプ」をしないと決める。これを実行すれば、確実に良い方向に人生が進むと思います（今すぐやめよう！　クソリプ！）。もちろん、妬みとか炎上している事柄に言及したい気持ちって自然に湧き出てくるかもしれませんが、そんな自分の感情にいちいち付き合っていたらキリがないですよね。

こうやって例を出すと、自分が「やること」「やりたいこと」よりも「やらないこと」がたくさん見つかりませんか？　自分がなりたい自分になるためには「やらないこと」を決める方が近道かもしれません。

誰かを1日1回褒めるよりも、1日1回誰かにポジティブなコメントを残すよりも、「クソリプ」をしないことの方が、実は人生にとって有益かもしれないのです。

さて、僕も以前にやらないと決めたことがあります。それはダイエットです。理由は、美味しいものを食べたいからです。たくさん食べると体が大きくなるし、強くなります。だから僕はダイエットを「やらない」と決めたのです。

「今、ダイエット中だからラーメンが食べられない」という自分にもなりたくはありません。そのセリフが僕は一番ダサいと感じたからです。僕にとって、好きなものを好きなときに楽しむことがとても大切なことなのです。

世の中には腹が出ている自分の方がダサいと感じる人もいます。それは個人の考え方によるもので、それぞれの価値観があることを僕は尊重します。たしかに腹が出ているのはダサいかもしれません。しかし、ラーメンが食べたいのに、ダイエット中だから我慢する自分の方が、僕はもっとダサいと感じるのです。

だからラーメンを食べることに決めて、ダイエットをやめたのです。高尚な理由を持ち出す必要はありません。単純に、やりたい方をやることに決めただけです。それにより、悩む必要がなくなったのです。ダイエットしたいけど、ラーメンが食べたい、そんな葛藤の時間を過ごすことはもうありません。

皆さんも「やらないこと」を決めてみてください。それがなりたい自分への一番の近道だと思います。

18

打算抜きで行動する

人間って損得とかをつい考えちゃうものだと思います。僕もそうです。これやればこのくらい儲かるかな〜とか、つい計算しちゃうんですよね。でも意外とそういうことって全然うまくいかなかったりします。

僕が初めて「儲からなくてもいいからやってみよ〜」ってノリで始めた海鮮丼屋がすごくうまくいって、そのときにちょっと気づきました。打算がないのってちゃんと人に伝わるんだなって。

海鮮丼屋を始めたとき僕は利益とか一切考えてなくて、「どうすればお客さんをビビらせられるか」、もっと言えば、どうやったらお客さんから「強い！」と言われるか、この2つのことしか考えていませんでした。

そうやって考えて商売をしたほうが意外と儲かるってことに結果的に気づいたんです。

これはどういうことかっていうと、やっぱり自分の打算的な考えっていうのは雰囲気として相手にも周りにも伝わると感じます。自分が得したいからこの人はこう言ってるんだな〜って。その打算的な部分って隠し通せればいいけど、ほとんどの場合はバレるんですよね。

組織の中にもそういう人はいます。言ってることは正論なんだけど、結局自分が得する理論を振りかざしてるな〜っていう人。そういう人って周りがついてこないし、うまくいかないことが多いと思います。

あと、今まで「これで儲けてやろう!」みたいなことはことごとく失敗しました。起業した当初すぐに利益が出て、儲かった数千万円を元に新規事業でもう一山当ててやろうと思ったお金は、ものの見事に一瞬で溶けました。

海鮮丼に関しては、「俺の海鮮丼うまいだろ! 食べてよ!」って気持ちだけでやりました。そういう気持ちでやると、お客さんも喜んでくれるし、意外とうまくいく。だからやっぱり損得勘定とか利害とか打算、勝算みたいなものは全部捨てて、どんな形でお客さんを喜ばせるのかって気持ちを優先してやった方がいいと思います。

考えないで素直なほうが意外とうまくいくんですよ。

19

完璧ってな〜に？

皆さんにとって完璧なものって何ですか？　完璧に対してどんなイメージを持っていますか？

それは例えば今でいうとメジャーリーガーの大谷翔平選手が浮かんだりしますかね？たしかに大谷選手は素晴らしい選手です。記録をいくつも作っているし、きっと歴史に名を残す方だと思います。でも本当に完璧な選手なんですかね？　だって打率10割じゃないし、防御率0・00じゃないですよね。そういう意味では完璧ではないと思います。

また完璧な食べ物って何でしょうか？　銀座の一流店の職人が握った寿司ですかね？たしかに僕も時々銀座の寿司屋には行きますが、とびきり美味しい寿司を食べさせてくれます。でもこの世の中には魚が苦手な人もいます。

じゃあ「ラーメン二郎」ですか？　僕は大好きですけど、そもそも食べきれない人もいます。豚肉がダメな人もいます。

では完璧ってなんでしょうか？　人によって異なるし、考え方によっても変わります。**そもそもの話ですが、完璧というのはこの世の中に存在しないんです。多くの人はそれを勘違いして、存在しない完璧に向かって頑張ろうとするのです。**

例えば寿司屋を出店しようと思ったとします。自分の中で完璧なコースができたら店を開こう。こう思ったら、いつまで経っても開店させられません。なぜなら完璧に一生たどり着くことができないからです。完璧は幻影です。

時代や受け取る人によっても変化し続けています。今日完璧に近づけたとして、その次の日に更に近づけている保証もありません。完璧は常に動き続けるものなのです。

僕が思う完璧というのはもう未来永劫、手が届かないものなのです。完璧は、近づけば近づくほどどんどんと遠くなるんですよ。70点、80点、90点までは行けるんです。でも90点を超えたあたりから動きがどんどんと遅くなっていって、99点から100点までは絶対にいかないんです。100点に近づくと99・99999999999999

9999999999999点が無限に拡がっているのです。

永遠にたどり着かない。それは漫画『呪術廻戦』の五条悟に触れようとしても永遠に触れられない無量空処みたいなものなのです。

だから完璧な状態というものを求めるのは今日からやめましょう。だって絶対に到達できないんだから。


完璧を求めること自体は大切なのですが、それをゴールに据えてしまって肝心の一歩を踏み出せないことがないように気をつけなければならないのです。完璧はこの世の中には存在しないってことをよく覚えておいてください。

20

「自己実現」の仕方にこだわらず、目的達成にフォーカスする

「自己実現」や「自分がやりたい仕事」はこれだ！と決めることや考えることは、実は必要ありません。

楽しい仕事が存在するわけではなく、「その仕事を楽しむ人がいる」だけなのです。

寿司屋も同じで、寿司屋が楽しい仕事であるのではなく、寿司屋を楽しむ大将がいるだけなのです。食べ物も同じで、寿司が美味しい食べ物であるのではなく、寿司を美味しいと感じる人がいるだけなのです。

僕はこれが正しい認識だと考えています。

実現の仕方にこだわるよりも、自分がどうありたいかにフォーカスを当てるべきです。

僕の場合だと、「漫画の主人公のように強くありたい」と思ってます。それが目指すべき状態であり、それを演じることが重要です。しかし、その強さを実現する方法にこだわりすぎると、非常に難しくなります。

自分が強い状態でありたいということに対して、自分でやり方や手段を制限してしまうと実現がとても難しくなるのです。

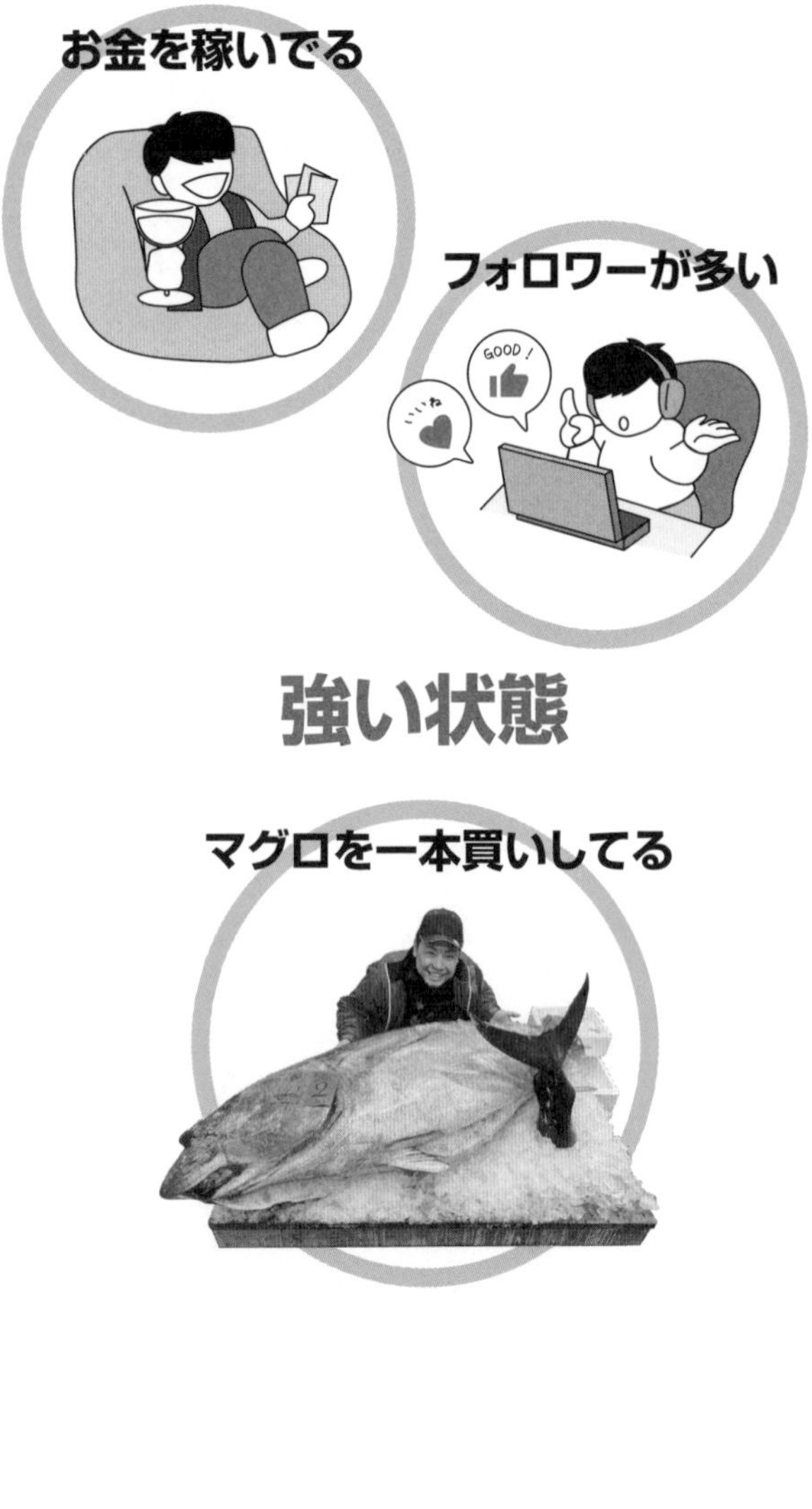
お金を稼いでる
フォロワーが多い
GOOD !
いいね
強い状態
マグロを一本買いしてる

もしかしたら自分は将来がちょっと違っていたら、ＩＴベンチャー企業でＩＰＯ（新規公開株式）を達成し、成功を収めたかもしれません。しかし、実際には寿司屋で、現状のようになったわけです。

でも、それでいいと思っています。自分の「強くありたい」という目的は、想像していた方法ではなかったですが、ちゃんと達成できているのですから。

自分がＩＴやマーケティングなどをやりたいと思うことにこだわりすぎると、結局、目的を達成できなくなる可能性があるんです。

あなたはこの先、どうなっていきたいと思っていますか？　細かいやり方や手段にこだわるのではなく、目的を達成すればいいのです。

自己実現を求めることは大切ですが、その実現の仕方にこだわりすぎないことが、なりたい自分への近道なのです。

21

自分や他人に期待しない

期待をするから裏切られる。これは自分にも他人にもあてはまる言葉です。

他人に期待して裏切られた、みたいな話はよくありますが、自分が期待するのは自分の都合であって、他人には他人の人生があるわけです。それぞれの人生を楽しむだけの話ですから、そもそもこっち側からとやかく言うことではないんですよ。

勝手に人に期待して、裏切られたと感じるなんていうのは、すごく自分勝手な考えなんです。今すぐにやめましょう。

そして自分に対する期待もそうです。勝手に自分はできると思って、決めて、続けられなくて落ち込む。自分への期待を自分で裏切ることによって、どんどん自尊心が失われていきます。

他人に期待しないのはもちろんですが、そもそも自分に期待するのをやめましょう。

あなたはそんなに自分に期待するほど大層な人間なんですか? 「はい」と答えられる人はどうぞ期待してください。

これまでの人生で、あなたはあなた自身の期待に応え続けてきましたか？　もうやめませんか？　自分に期待して自分を裏切ることをここでもう終わりにしませんか？　自分に過度な期待をし、勝手に落ち込むこの呪いを今ここで祓いませんか？

22

漫画の主人公は「だるい」と言えない

あなたの好きな漫画は何ですか？　ジャンルはなんでもいいです。バトル、ファンタジー、恋愛、スポーツ……。好きな作品を考えてみてください。そしてその漫画の主人公を思い浮かべてください。

その主人公はみんなから応援されていませんか？

おそらくその主人公は逆境を乗り越えていますよね。絶体絶命のピンチを何とか切り抜けていませんか？　失敗や挫折を経験しながら、それでも立ち上がって頑張っていませんか？

実は漫画の主人公は大体そうなのです。

全部がうまくいってる話なんて面白くないし、大きな困難や壁にぶち当たって、それを倒したり乗り越えたりするのが「漫画の主人公」なのです。

他にも違うタイプの主人公がいたとしましょう。怠惰なキャラクターの主人公です。怠け者でなにをやらせてもダメダメだけど、その主人公は多くの読者や漫画内で、他キャラクターから愛されてはいないでしょうか？

僕が何を言いたいかといいますと、漫画の主人公を演じればいいのです。どんなキャラクターを選ぶのかはあなたが決めればいいです。自分が好きな漫画の主人公を演じきればいいのです。

このことは、あるテレビ番組の収録で国民的な女優さんに気づかされました。

僕のそれまでの寿司人生（収録当時5ヶ月）について紹介する番組だったのですが、日本を代表する女優さんに、僕はこう言われました。

「漫画の主人公みたい！」

雷に打たれるような感覚がありました。そうか、僕は漫画の主人公だったのか！

残念ながら、そのシーンは放送では全てカットされていたため、もしかしたらあれは夢だったのかもしれませんが（笑）、僕はその日から「ロード・オブ・寿司大将」というタイトルの漫画の主人公を演じ続けています。

自分の素よりも漫画の主人公を演じた方が物事がうまくいくものなんです。

23

「本当の自分」を作り出す

前の章でも触れましたが、「本当の自分」って、考えてみると難しいですよね。本当の自分についてシンプルに考えてみましょう。正直、自分がどんな存在なのか、本当の自分というものはどんなに考えてもわからないんです。

でもたしかに自分は存在します。ただし、それは自分が思っている、認識した自分ではありません。他人から見えている自分こそが、自分で思う自分よりも真実に近いと僕は考えています。

他人から見えている自分こそが本来の自分なのだとしたら、僕は本当の自分がわからないことを逆手にとりたいと思いました。

つまり意図的に「本当の自分」を作り出すのです。

自分がどんな存在になりたいのか、そうありたい自分を設定し、それに自分を近づけていくのです。そうすれば、他の人から見たときに、あなたがどんな人なのか、コントロールできるようになります。

僕の場合なら「有楽町かきだの大将はこういう人だ」っていうみんなの期待も含めた

イメージがあります。

強くて、割烹着が似合っていて、ノリが良くて、元気が良くて、やっぱり強い。どんなピンチも乗り越えてチャンスに変える。怯まずにどんどんチャレンジし続ける。**強い。**

これは僕が自己分析をした自分の性格ではなくて、みんながイメージする有楽町かきだの大将像です。このことがちゃんとイメージできていれば、おそらく自分の行動や言動もコントロールできると思います。

だからあなたが何者かになりたいと願うなら、自分がなりたい自分を演じることが大切です。他の人から見たときに、あなたがどう思われるかをコントロールしやすくなります。自分自身を客観的に見ることができるからです。

自分は「ない」存在であり、わからない存在なのですから、なりたい自分を設定して、それをなぞるようにして行動することが大切なのです。

例えば漫画の主人公なら、つらいときに踏ん張ります。すぐ諦めません。裏切られても立ち上がり、ボロボロになるまで戦います。そして最後には勝つのです。だいたい主人公はこういうものです。

わかりやすいので自分が好きな漫画の主人公を設定しちゃえばいいと思います。そのキャラに近づけば、ほぼ大丈夫です。漫画の主人公のように、諦めずに戦い、ボロボロになっても立ち上がり、最終的には勝利を収めましょう。あなた自身が！

だから本当の自分を分析するよりも、自分がどの漫画のキャラクターになりたいのかを考える方が100倍有益です。自分のタイプに合った漫画のキャラクターを見つけて、その姿勢や行動や言動を参考にすることで、なりたい自分に近づけるかもしれません。

自分自身を見つめ直す際に、漫画の主人公たちが魅せてくれる強さは、自分の人生にとって大いに参考になるはずです。

24

漫画の主人公としてどう行動すべきかを考える

漫画の主人公を演じてみる、というのはこの1年で僕が学んだことでしたが、僕の過去の言動と照らし合わせてみても、漫画の主人公思考で行動していたなと思います。

コロナ禍で「一切会社に行かない」という行動を選択しましたが、その根底には、社長として社員を不安にさせたくなかったから、という考えがありました。

これは僕の意思ではありませんでした。僕の中での社長像というのがあって「どうするべきか？」と考えた結論だったのです。

会社はピンチで、業績は急速に悪化しており、もしこのまま続けば会社は潰れてしまうかもしれない危機的な状況。そのとき漫画の主人公ならどのような行動をとるか？

漫画の主人公は、過去にほとんど会社に行かなかった人物（実際の僕）ですが、急に会社に出勤し、一生懸命働いたり社員を叱咤激励したりするでしょうか？

僕が思い描く漫画の主人公だったらそんな風には行動しないでしょう。むしろ、冷静に状況を分析し、ハッタリとも思えるくらいの余裕を持って行動するはずです。周囲に余裕を見せるくらいのスタイルで、慌てずに突き進んでいきます。そしてなぜか最後にはすべてがうまくいきます。

だから僕は自分を漫画の主人公として、会社に行かず、代わりに釣りに行くことを決意しました。


この行動により、社員たちは会社の業績が危機的であることには気づかず、むしろ「社長が余裕を持って釣りに行っているなら、会社は大丈夫なのだろう」と錯覚したことでしょう。社員たちを安心させるためのこの戦略は大成功だったのです。

もちろん、実際には会社に行って仕事をするべきだと思っていましたし、社長として社員を指示する必要もあったと思います。

しかしあのときの状況では、漫画の主人公のように行動することが求められていると感じたのです。演じ切ることで、社員に安心感を与え、業績の立て直しに大成功したということです。めでたし、めでたし（そして物語は第2章へ……）。みたいな感じですね。

でもこうやってみると僕らの人生はいつだって、漫画みたいなのかもしれませんね。

25

「強い」という
キャラ設定

実は漫画はあまり読まない僕が、有名な漫画の主人公たちから学んだ「強い」というキャラ設定について、わかりやすくお話ししたいと思います。

この本の中でも僕は事あるごとに「強い」という言葉を使ってきました。これは本だけでなく、普段の生活やSNSでも頻繁に発している言葉です。なぜ僕がそこまで「強い」ということにこだわっているのか、そのことをお伝えするのに一番わかりやすいのが、漫画の主人公たちの強さだと考えています。

僕は日本を代表する漫画の主人公や活躍する登場人物たちに共通する要素について分析してみました。多くの漫画の主人公たちは、最初は弱い状態からスタートします。しかし、彼らは諦めずに努力と修業を積み重ね、次第に強くなっていくのです。

この成長過程は、物理的な強さだけでなく、精神的な強さも含みます。主人公たちはピンチに立ち向かい、逆境に耐え、諦めない強い意思を持っています。

彼らは仲間や友情の力を信じ、応援されることが多いです。人を助ける使命感も強く、他人のために戦うことが彼らの強さを表現しています。そして最終的には、困難を乗り越えて勝利を収めるのが彼らの物語です。

【主人公の強さの要素】

みんなから
応援されている

逆境に耐える

強い

人を助ける

だいたい
最後は勝つ

この「強い」キャラ設定は、漫画の主人公たちが持つ多くの特徴と行動パターンを表現しています。「強い」という言葉は、非常にわかりやすく、そして人間の魅力的と言われる部分の根幹をなしています。

僕は時には孫悟空のように、ある時はルフィのように、また違う場面では五条悟のように立ち振る舞います。漫画の主人公（または主人公格のキャラ）を演じるということは、あらゆる場面において非常に明快に人生の指標となるわけです。

彼らならどうするのか？　僕はいつもそのことを考えています。

この状況ならどのような強さをもって立ち向かうのか？　それが僕の判断基準なのです。この考え方は苦難の多い人生においては、非常にわかりやすく実戦がしやすい行動指針なんじゃないかと思います。

みなさんも人生に迷う場面に遭遇したら「強い」と言える行動をとってみてください。きっと「強く」なれます。**強い。**

26

「継続できる人間」を演じるためにやったことはシンプル

最初にやるのはマインドセットです。まず継続しようとは思わないこと。継続する自分を演じるわけだから。自分というものを1回横に置いときます。

そして継続できる自分というものをセッティングします。継続できる自分を演じるっていうのは設定としての決定事項なので、自分が継続しようとか、しなければならないとか、そういう自分の思考でやるわけではありません。

継続できる自分がいて、その通り自分を動かすだけです。意外とシンプルなのです。「続けなきゃ」とか、「やらなきゃ」とか、「頑張らなきゃ」とか、継続するために本来必要とされてそうな考え方を全て捨てて、継続する人間としてただ動く、それだけです。

継続する人間として自分を機械化させるのです。

だいたい頭で考えて行動しようとする人ほど悩むし、うまくいかないんですよね。演じるって決めて、継続できる人間を設定して、その通り動けばいい。こう決めて行動すればいいのに、失敗したらどうしようとか余計なことを考えちゃうんですよね。うまくいくのかな？みたいなことを考えても意味はないんですよね。

「継続できる自分」を演じて行動

自分の感情や考えは一旦横に置く。これはすごく重要なポイントです。

例えばダイエットをやっている人で続かない人は「今日は頑張ったし、特別にチートデイにしよう！」みたいな甘えを自分に許してしまいがちです。

でもそれって継続できる自分とは違いますよね？　継続できる自分になりたいのであれば、そこに感情を入れ込むなってことです。

ただチートデイを計画的に設定するなら良いと思います。例えばボディービルダーの人とかはチートデイを計画的に盛り込んでるわけです。そうしなければいい体にならないからです。

ダイエットもそうです。代謝が落ちるから、たまに食べることによって代謝が上がって、そこからまた痩せやすくなるっていうのは、科学的に証明されてるからチートデイを作るわけであって、都合よくチートデイを作ってはいけないのです。

僕もダイエットも筋トレもしたことがあるから続けることの難しさはわかります。

本当にダイエットを継続したいと思うのであれば、ダイエットをしている自分を演じるだけなんです。そう決めたら夜中にラーメン食べたいと思うはずないですよね。サラダ、ささみ、ブロッコリー、それらを食べるんですよ。それで終わり。「ラーメン食いたいな」と思う自分はいてもいいいんだけど、ダイエットを継続できる自分ならそうは思わないです。

感情っていうのは違うところで爆発させてください。継続できる自分を演じてる部分だけそうすればいいだけの話であって、別に全てのことを何かストイックにやれとは言ってないですよ。

継続できる人間になりたいんだったら、何か1つのこと、それがダイエットでもいいし、英語の勉強でもいいし、筋トレでもいいし、それについてやればいいだけで、他のことまで全て自分の感情を捨てて、そうしろとは言ってないんです。

例えば仕事で成果を出したいんだったら、仕事上で「仕事ができる自分」を設定してそれを演じればいいんじゃないですか。でも家に帰ったら馬鹿食いすればいいし、休みの日はパチンコに行ってボーッとすればいいです。別にそうしても仕事ができる自分とは関係ない話ですからね。

27

誰でもできる
簡単なことを
続けていくと……

僕はX（旧Twitter）で毎日朝飯を紹介する「#朝定エージェント」という投稿をずっと続けていて、この原稿を執筆しているタイミングで連続1570日目となりました。

内容は本当にシンプルで、食べた朝ご飯を写真に撮って投稿するだけです。これをもう4年強も続けてきました。テキストもシンプルなので誰にでもできます。でも誰にでもできるようなことだけど、それが4年以上続くとなると、結構すごくないですか？

この朝定エージェントの投稿こそが、僕が「継続できる人間」であるという証明になっているんじゃないかと思っています。

客観的に見て継続できる人を演じるってことは、誰からどう見ても継続できる人間である状態が望ましいと思います。

そして自分もまた、演じている自分を見ているわけです。毎朝必ず投稿する「#朝定エージェント」によって、自分は継続できている人間だということを、自分自身で毎日確認しているのだと考えています。

僕はあくまでも演じている感覚なんです。でも自分の芯となる部分はいつも自分の中にあるわけだし、だからこそその自分に見せつけることも必要なんです。それがどれだけ簡単なことだったとしても、自分にとって継続できる人間としての自信に繋がるのです。

そして自分だけではなく、周りの人への強いアピールにもなります。どんな簡単なことでもいいです。意識的に毎日欠かさずにやっていることってありますか？　多分ほとんどの人がないと思います。

今日からでいいのでなにか始めてみませんか？　本当に簡単なことでいいので。

意識高い系のことは続かないのでハズしてください。例えば毎日読書をして毎月5冊必ず読むとか、毎日30分ランニングをするとか、そういうものです。もともと本が好きだったり、運動するのが好きならいいですけど、そうじゃない人が無理に始めてもツラくなるだけです。

誰にでもできる簡単なことでいいんです。それを毎日続けてください。

僕は朝ご飯を食べるのが好きだったから、「#朝定エージェント」を始めました。山口の大学を卒業して社会人1年目のときにたまたま東京配属になって、ちょっと早起きできた日に松屋でモーニング（朝定）のソーセージエッグ定食を食べるのが、当時の僕のちょっとした贅沢だったんですよね。

今は社長だし、松屋は毎日食べようと思えば、簡単に食べられます。だけど僕にとってはやっぱり特別で、その初心を忘れないおまじないにもなっています。

だからハードルを低く設定しましょう。この先、毎日続けたとしても苦にならないようなちょっと好きなものとか、そんな感じで選ぶといいかもしれません。

これは継続の練習みたいなものです。朝ご飯を食べて写真をあげる、別に難しいことではないけど、それでも4年以上続ければ、立派に継続できる人間といえると思います。

あなたも今日から始めてみてください。簡単なことでいいので。

いいかい学生さん、
松屋の朝定食をな
いつでも食えるくらいに
なりなよ
それが人間
えら過ぎもしない、
貧乏過ぎもしない、
ちょうどいいくらいって
とこなんだ

28

ピンチのときは信頼関係に助けられる

僕は営業として3年間会社員をやり、その後会社を起業してからもうすぐ8年になります。社長業も結局は営業力が問われる仕事なので、かれこれ10年以上営業をやっているんですよね。

僕は豊洲市場に通うようになって、今まで培ってきた営業力が非常に役に立っていると思っています。

結局、営業って信頼関係構築能力みたいなものが一番大切だと考えています。それってとくに飛び道具のようなテクニック的なものではないと思います。もっと根本的な人と人との付き合いなんじゃないかと。やることは結構地道な活動です。

例えばいい魚を仕入れたいと思ったら、仲卸さんに顔を覚えてもらうのが重要です。とにかく毎日会いに行って挨拶して、顔を覚えてもらって仲良くなっていくんです。めちゃくちゃシンプルなんですけどこれが一番いいです。

逆に絶対やっちゃいけないのが値切りです。

「○○さんのところだけから買うから、魚安くしてよ〜」とか、「いっぱい買うから安くしてくれない？」とか、悪気なくこういうコミュニケーションを取りがちだと思うんですけど、僕はやらないほうがいいと思います。

値切る人に良いサービスを提供したり、良い商品を提供したりしたいと思うでしょうか？　値切って買うよりも、言い値でパッと買ったほうがお互い気持ちが良いし、店からの覚えもいいってもんです。

たしかにこっちは買う側なのでお客さんです。だからといってこっちが偉いわけでは決してありません。仲卸さんに良い魚を卸してもらうためにも、常に良いお客になれるように心掛けが必要なのです。

あと「自分の都合で自分の欲しいものだけ買う」、これをやっていると仲卸さんにとっての良いお客さんにはなれないかもしれませんね。

例えば仲卸さんが「ちょっと仕入れすぎちゃって余っていて……」みたいな魚があった場合は積極的に買ったほうがいいです。

そういうことを少しずつ積み重ねていくと、例えばすごく良い魚が入ったときに優先してこっちに回してくれたりするんですよね。これは仲卸さんの気持ちの問題です。良いお客さんには良いものを回してあげたいって思うのが人情ってもんですよね。

年末とかで魚の相場が高くなっていても「蛎田さん、いつもいろいろ買ってくれるから、ちょっと年末価格は取らないでおこう」とか、例えばそういうのって勝手にあちらがやってくれるものなんですよ。

「俺が好きな魚を好きな分だけ買う、それが当たり前だろう」と思う人って間違ってはいないけど、どんなビジネスをやっていてもいい人間関係が構築できないと思います。

考えてみたら、値切ったら安くしますよっていう人は信用ならないですね。だって値切らずに気持ちよく買う人が損するわけじゃないですか?

信頼関係がだんだんと築けてきたら、価格交渉をしなくても、仲卸さんの方から勝手に魚を安くしてくれるし、何も言わなくてもいい魚も回してくれるようになると思うんですよね。

繰り返しになりますが信頼関係は大切で、それはテクニックではなく、できるだけ毎日市場に行って顔を合わせて、気持ちよく魚を買うことが一番の近道だと思います。
それと「お金なんぼでも払うから、いいもんよこせ」っていうのもダメ、ゼッタイ。だって偉そうじゃん。そんな人と仕事したくない、こわい。

魚って肉とかと違って供給が結構不安定なんですよね。牛肉とかは基本的に畜産物だから供給は安定してるんです。冷凍も利くし、日持ちするんですよ。むしろ熟成させたほうがうまかったりしますからね。

でも魚はほとんど天然なんですよ。だから天気が悪かったらなかなか取れないんです。魚も熟成させたりしますけど、とは言っても4～5日ぐらいの話です。ちょっと天気が悪くなったり、雪で交通網が麻痺したりすると、どんどん流通量が少なくなるわけです。

そして魚が少ないときに、どこに売るかの決定権を握ってるのは仲卸さんなんです。いっぱいあるときは誰でも買えます。でも少なくなったときに誰に売るかは仲卸さんが決めるわけなんです。そういうときに売って貰える人間にならなくてはいけないんです。

ピンチのときに、今まで積み重ねてきた信頼関係が試されるわけです。そういうとき

に何も回ってこなくなるような人にならないようにしていきましょう。ピンチのときは信頼関係に助けられます。

この「市場での仲卸さんとの関係性」って非常に本質が詰まっている話だと思います。だから営業などの仕事で行き詰まっている人は、飛び道具とかテクニックとかに飛びつかないで、毎日会いに行く、気持ち良い関係性を築く、相手の気持ちに立って取引をしてみる、というすごく地味かもしれないけど大切なことを実践してみてほしいですね。

29

引くに引けない環境を作る

継続っていうのは、自分の確固たる意思を持ってやらなくてもいいんですよ。「継続力」って聞くとなんとなくすごく強い意思を感じますけど、「別にやめてもいいけど、もう少しだけ続けてみるか」っていうのも継続なんですよ。

ちょっと僕と同じ立場になって考えてみてほしいんですけど、修業0日で握り方とかは動画で覚えて、レシピサイトでシャリとか研究して、寿司屋の大将になってたかだか1年ぐらいで本当に予約困難店になって、150坪の新宿の高層ホテルに移転して、テレビとかにも出て、それなりに知名度が上がっている状態の今、やめることってできるでしょうか？

さすがに少しもったいないと思いませんか？

あとこれは僕が勝手に思ってるだけかもしれないのですが、僕が寿司屋の大将をやめたらがっかりする人たちも少なからずいると思うんですよね。

でも最初に思っていた「寿司を握りたい！」「行列店を作りたい！」「予約困難店にしたい！」という熱い気持ちはもうなくなっていたんですよね。

最初は「寿司はそんな簡単に握れないだろう」って思ったんです。行列のできる海鮮丼屋も予約困難店の寿司屋も作るのは難しいだろうなって思ってたんです。

でもなぜかできちゃったんですよ。寿司を握ることは今でも楽しいですよ。けどそろそろお腹いっぱいです。だって元々僕は寿司屋の大将を志してたわけじゃないんだもん。

ただそのとき「やりたい！」と思ったから飛びついてやってみて、そしたらうまくいっちゃっただけで、「日本一の寿司職人になりたい」みたいなことを、18歳から夢見てやってきたわけじゃないんですよ。

33歳になって、コロナ禍で暇だから「海鮮丼屋やってみっか」「寿司握ってみっか」「そんな簡単にはいかねえだろう」と思ってやっただけなんだけど、もう十分なんですよ。

けどやめられないでしょ、今のこの状態で。有楽町かきだ大将でも。

もし会社の利益とか自分の収入だけを考えたら、寿司屋をやめて本業である人材紹介の会社だけやった方が儲かると思いますし、楽です。

寿司ってお客さんの前で握ってるときはすごく楽しいんですよね。だけど握るまでが本当に修羅場なんです。皆さんが会社に行くまで憂鬱なのと同じかもしれないですね。あの気持ちと全く一緒です。やったら楽しいけどね。

宮﨑駿さんが「面倒だ」といいながら絵を描いているそうですが、彼もきっと書かなくちゃいけない状況なんですよね。

状況というのは宮﨑駿さん本人がまだ温めているアイデアがあるとかもきっとあるんでしょうけど、それよりも世の中のたくさんの人たちが作品を楽しみにしているとか、やめたくても絶対にやめられない周りからの期待みたいなものとかが、大きな力として働いているんじゃないかと思います。

あの宮﨑駿さんもやめる宣言を何度かしていますが、結局今も続けてますよね？　でもそれって悪いことなんですかね？　それも１つの継続の形だと思います。

周りが求めていたり、やめられない状況に追い込まれて、それが続ける動機になって

いたとしたらそれでも全然いいと思うんです。

むしろ自分が何かを続ける人間として演じ切ったからこそ、周りからそれを求められるキャラクターになることができたんじゃないでしょうか。

僕も引くに引けない状態までになっているので、もうしばらくは寿司屋の大将として演じ続けていきたいと考えています。

30

いい意味の惰性とは

夜、飲み会のあとに食べるラーメンって完全に惰性で食べてますよね。特別何かを意識しているわけでなく、全体の中の流れで食べるラーメンです。これは惰性でありながらも、実は継続なんです。

例えば筋肉をウリにしているタレントさんは、筋肉への意識が高すぎて飲んだ後のラーメンを食べられないと思います。

意識の高さはたしかにすごいことだけど、でも食べる人は食べちゃ駄目だってわかってるのにもかかわらず、食べることを続けてるのです。これはどちらが正しいのか、一概に言うことはできません。継続しているという観点から見れば、どちらも継続できる人間なんですよ。

ダイエットをしているから、体を鍛えているから、塩分や余計な炭水化物を、飲んだ後に取らない。これを続けることも継続力であって、夜寝る前に食べると体に悪いし、太るとわかっているのに食べる、これも継続力なんです。

話が飛躍しすぎて理解が追いつかないかもしれませんが、どれも継続しちゃってる状態ですね。惰性であっても続けているのは悪いことじゃないんですよ、継続という観点で言えば。

一般的には「惰性」というのはネガティブな意味合いで使われることが多いです。しかし惰性でも続いてるわけですから、立派な継続力です。

僕も寿司屋を惰性で続けています。ちょっと有名になっちゃって、フォロワーも増えるし、予約も入っているので惰性で続けています。

けど惰性で続けていたとしても、お客さんに関係ありますかね？　一応補足として書きますが、惰性で続けているのは事実ですが、カウンターに立ったら寿司を握るのは楽しいし、お客さんに満足してもらうために全力で接客はしています。僕が惰性で続けているなんて、誰一人気づいていないはずです。

惰性で続けられる状態を作れれば、それが一番いいんですよ。

「別にいつやめてもいいんだけど、明日までやろうか」

「来月ぐらいまで予約入っちゃってるし、やろうか」

これが続けば継続なんですよ、惰性であっても。

なんか強い気持ちを持って「続けるぞ！」というよりも、実際「明日もやるか……」くらいのテンションのほうが続けられたりします。

マラソン選手の話ですが、マラソンってきついじゃないですか？　途中で走るのをやめたくなるわけですよ。だから「次の電柱まで走ろう」って決めて、そこまで走るそうです。「もうそこまでいったら歩こう」って考えて。

そして「次の電柱まで走ったら」とか「もう1本先の電柱まで行ったら本当にやめよう」などを繰り返すそうです。これを続けてるとゴールできるんですって。これは「電柱理論」というみたいです。

人生ってそういうところがありますよね。「このプロジェクトが終わったらもうやめよう」「次のプロジェクトが始まっちゃってるから、これが終わったらやめよう」とか。でも別にその仕事をしっかりきっちりこなしてればいいんですよ。

惰性で続けられるってのが一番いいですよ。

僕はこのなんとなくの流れで続いていることを「惰性力」と名付けました。継続力は、ニアリーイコール惰性力だと思います。

皆さんは会社行きたくないけど、やめたいけど、会社行ってるわけじゃないですか。「あなたは素晴らしい惰性力の持ち主」という話です。いや「やめてもやることない」とか、「次にやりたいこともないし続ける」とか、そうやって惰性で生きている人こそ継続力を兼ねそなえている人なのかもしれません。

半分ネタのような話に聞こえるかもしれませんが、自分が惰性で続けていることを思い浮かべてみてください。そうです、惰性力を味方にできれば、継続なんてVERY EASY。

31

自分がなりたいもの
ではなく、
なれそうなもの
になる

僕は「マグロ王になる」と宣言しました。理由はシンプルでなれそうだと思ったから。マグロ界で一番の有名人といえば、「すしざんまい」の木村清社長ですよね。そんな木村社長は「マグロ大王」を名乗っています。

僕が木村社長を差し置いて「マグロ大王」になるのは難しいと思ったので、「マグロ王」くらいにはなれるんじゃないかと思って、「マグロ王に俺はなる」と宣言をしました。

世の中にはいろんな「王」がいます。ホームラン王、三冠王、海賊王、メディア王、石油王、どれも僕がいくら頑張ったとしても、なれる可能性は限りなくゼロに近いです。

自分がなりたいものじゃなくて、なれそうなものになろう。

この考えのもとに目指したのがマグロ王でした。

現状の僕ならマグロ王であれば「なんとかなれそう」な気がしました。生まれたからにはなにかの王になりたい。そう思う人もいるんじゃないでしょうか？

しかし、がむしゃらに目指しても、きっと王にはなれません。しかも疲れます。なれない自分がイヤになったりします。
だから僕が一番なれる可能性の高い王を探した結果が「マグロ王」だったのです。

通常は王になろうと思っても、なかなかなれる王は見つからないので、まずは自分がなりたいと思える王を設定する必要があります。

あなたがもし王を目指すのだとしたら、まずはできるだけライバルが少ない分野を目指しましょう。「なれそうかどうか」はとても重要です。なれないものを目指しても途中で続かなくなっちゃうと思うんですよね。手が届きそうな王を選びましょう。

どんなにニッチな王でも、王は王です。ダメな例は、誰か憧れの王を見つけて、到底なれなそうな王を目標にすることです。目指す過程でその王との距離に気づき、絶望しちゃうんですよね。そして何もしなくなっちゃうんですよ。これが一番ダメです。

これも電柱理論の1つで、あそこまでやってみようって思えることが大切なんですよね。次の電柱がもし40㎞先にあったら、絶対に頑張れないです。

例えばトップ営業王を目指そうとすると、ちょっとなれそうかどうかわかんないです。トップの営業って、なるのはかなり難しいんですよ。でも「いい仕事王」とかならなれそうじゃないですか?(この「いい仕事王」っていうのは僕が以前働いていた会社で実際にあったものなんですが、なんかネーミングが良いですよね……)

月間で何十件の契約が取れなかったとしても、たとえ2件だったとしても、その2件の内容がめちゃくちゃいい場合だったら、それはそれで評価されるべきなんです。これであなたは「いい仕事王」です。

もし自分が一番お客さんから喜ばれているのだとしたら「感謝されてる王」とか「顧客満足ナンバーワン王」とか、なんでもいいです。

仕事でもなんでもいいんですけど、普段からなにか自分が王になれるものはないかな?という視点で考えていたら、きっと自分しかなれない王が見つかるはずです。それを見つけることができたら、「○○王に俺はなる!」と宣言して、目指して、なってください、王様に。**強い。**

第3章

何者かに
なるための
応用思考

32

自分のために頑張るのは難しい

『走れメロス』を思い出してください。なぜメロスはあんなに頑張って走れたのかというと、自分が頑張らないと友達が罰を受けるからだと思います。自分のためだけに発揮できる力っていうのはたかが知れています。

ですので、自分の気持ちを一旦横に置いておきましょう。自分がどうしたいかって気持ちを1回全部忘れてください。

自分がどうしたいかという気持ちを優先してしまうと言い訳の温床になります。自分の欲望や気持ちが変わることもあるから、それがやめるための言い訳の材料になるのです。

他人や周りのお客さんを喜ばせることを中心に考えると、自分の気持ちは二の次になり、やめる理由がなくなります。

自分がどうしたいかじゃないです。これをやったら、お客さんは喜んでくれるのか。そのことだけを常に考えるのです。

そうすれば自分の感情を言い訳にやめることができなくなります。

僕の場合は「寿司屋を続けよう」と思う気持ちよりも、お客さんが「美味しかった」と喜んで帰ってくれる姿の方が明日も続ける理由になってます。

モチベーションの根源はどっちでもいいです。ただ、たくさん喜ばせた人の方が、社会的に評価されるし、経済的にも成功するんですよね。でもそれはあくまでも結果の話なんで、最初はそんなことは考えなくていいです。

自分がこうやりたいとかじゃなくて、結局お客さんが喜んでくれてた方が継続できるんですよ。「あんなに喜んでくれてよかったな。明日も頑張ろう」って。

僕は面倒くさいけど朝市場に行くし、面倒くさいけど仕込みをする、面倒くさいけどお店に行く。お客さんは喜んでくれるし、明日も予約入ってるし、もう少しやっていこうかな……。こういう風に続けてます。

こうやって面倒くさい思いをして準備をして寿司を握っているから、お客さんがもし喜んでくれなくなったら、心が折れてすぐにやめると思います。

だから僕はお客さんが喜んで「美味しかった、楽しかった」という言葉が僕に向けられる状態をキープするために、何ができるかってことを毎日考えているんです。

あと本心を話せば、僕が人を喜ばせたいのは自分が喜びたいからなんです。本当の自分は怠惰で面倒くさがり屋なんです。

でもそういう自分がイヤだから「どうすれば理想の自分が続けられるか」ってことを考えた結果、現在の状態に身を置いてるわけです。

自分に気持ちいいベクトルがお客さんから返ってくるように仕込んでいます。お客さんが喜んでくれなかったら本当にやめちゃう。だから喜ばせるしかないんです。

もしかしたら普通とは逆の発想なのかもしれないんですけど、そんなやり方がうまくいってるのも事実なんですよね。

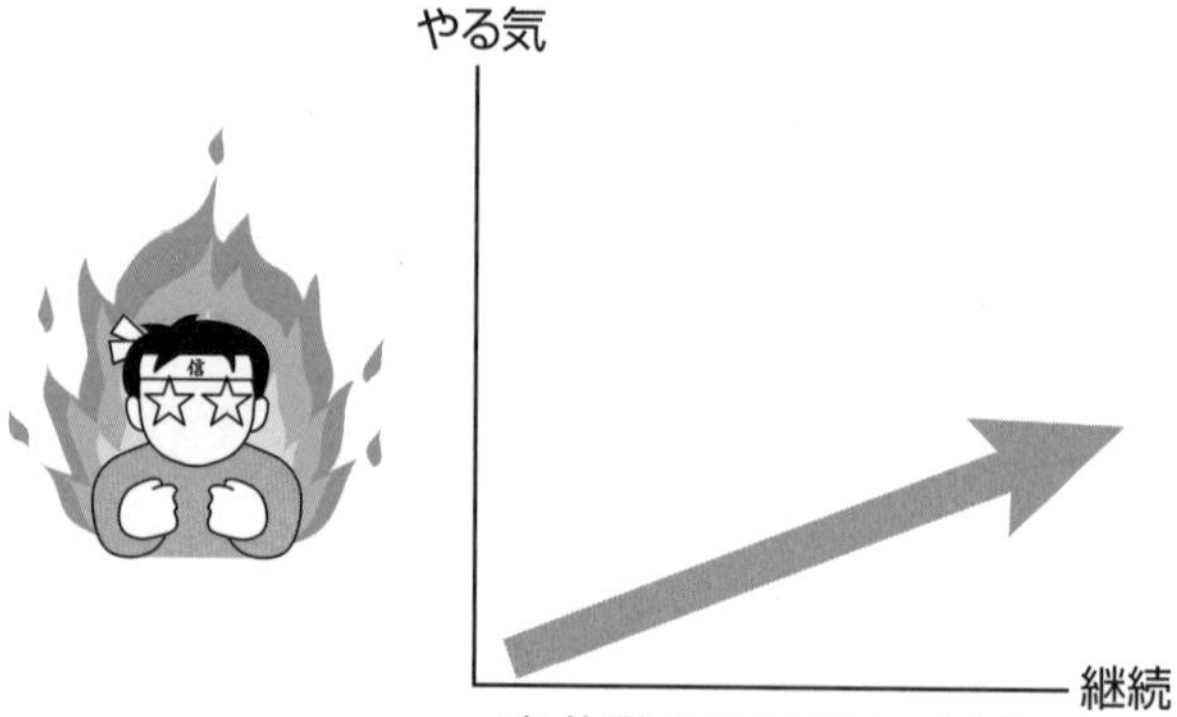

自分発のやる気のベクトル

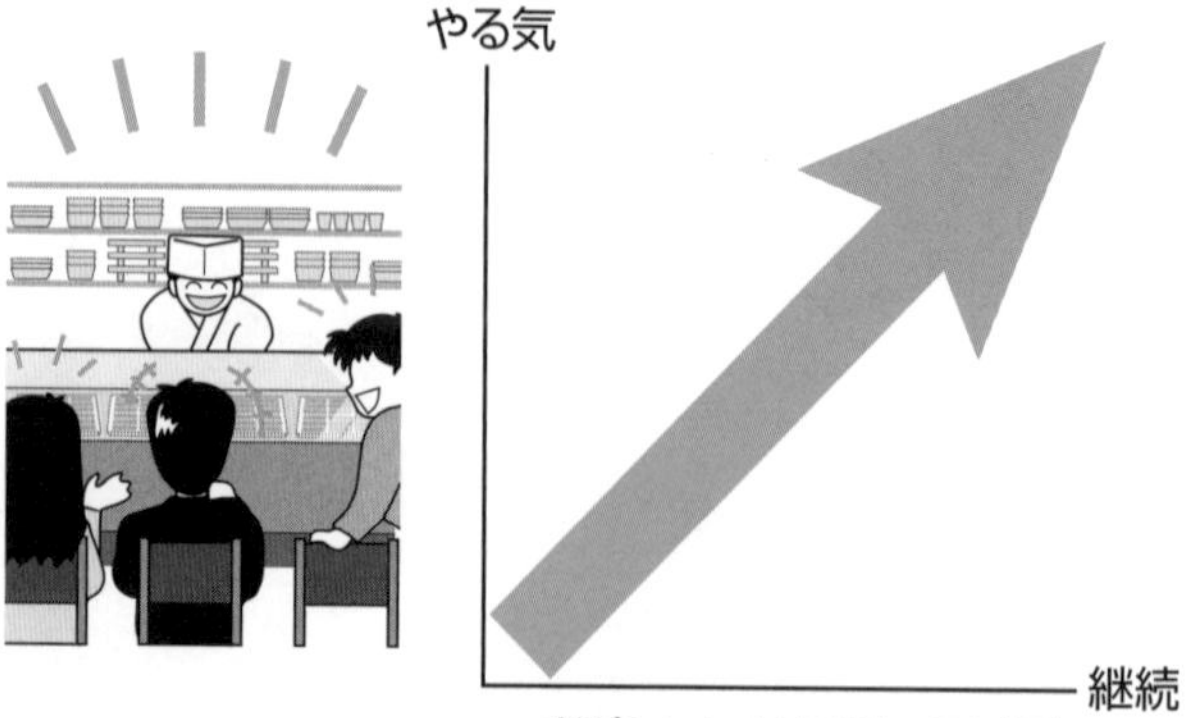

お客さんから返ってくる
気持ちの良いベクトル

自分が続けたいからこそ、続けられる環境を自分でコントロールして作る。「これ出したらビビるだろうな。『1万円でこんなもん出てくるの！』とお客さんは喜ぶだろうな」って考えているんです。

単純にお客さんを喜ばせたい、笑顔が見たいっていうだけでなくて、それがないと僕は続けることができない。だからその状況を作るっていうのが正解だと思います。

33

「稼ぎたい」よりも「ビビらせたい」

「お金を稼ぎたい」という気持ちって相手に伝わっちゃうんですよね。それと「自分がやりたいからやっているだけなんだな〜」っていうのもすぐにバレちゃいます。

何を言いたいかっていうと、自分本意な行動は人に伝わってしまうってことです。そして自分本意にやることは大体のことがうまくいかないんです。

これはビジネスをやってると本当に感じることの1つです。自分本意なことをやっていると全然成功しません。儲けようと思ってる人ほど大して儲からないんです。

例えば僕は寿司事業以外に人材紹介業や電気通信工事業をやっています。儲けようと思って8年以上頑張ってきましたが、そこまで儲かりませんでした。

でも寿司屋だけは「お客さんをビビらせたい」という気持ちしかなかったです。そうしたら人材紹介業や電気通信工事業では8年間起こらなかったブレークスルーがすぐに起きたんです。

もし儲けたいという気持ちだけでやっていたら、ここまで人気はでなかったと思います。僕がこの1年間、寿司屋をやっていく中で考えていたことって「どうやったらビビらせることができるのか」。これだけでした。

「ビビらせたい」

この観点で寿司屋を運営しようとすると無限にアイデアが湧いてくるんです。仕入れでビビらせる、価格でビビらせる、サービスでビビらせる、演出でビビらせる……。驚かせ方はいくらでもあります。

自分の気持ちどうこうの話ではなくて、人の気持ちをどうするかという点だけを考えるとうまくいくっていうのは、僕が寿司屋をやっていく上で、すごく重要な指標だったと思います。

自分の気持ちよりも、自分がする行動で、人がどういう気持ちになるのか。

これを考えて行動したほうが結果に繋がると思います。これから起業する人は、どうやったら「人が驚くか」「喜ぶか」「ビビるか」……、こんなことを想像しながらやってみると良いかもしれません。

34

お金の使い道がキャラクターを演出する

僕は社長としてそれなりに社会的に成功して、自由に使えるある程度のお金も持つようになりました。でも六本木の夜の飲み屋でシャンパンを入れたいとか、ブランド品がいっぱい欲しいとか、そういうことに全く興味が湧かなかったんですよね。

一応小金持ちになって、高級時計をつけて六本木で遊んだこともあったんですけど、期間にして約2ヶ月で飽きました。「こういうことが僕はしたいんじゃないんだな」と、やってみて確信したんです。

そんな僕が大金を使うことで高揚感を覚えた初めての体験が「マグロの一本買い」だったんです。朝早起きして、セリに参加して、開始のベルが鳴り、競り落としは一瞬で決まります。100万円以上する100kgオーバーのマグロを目の前にしたときに、今までの人生で感じたことのない興奮が僕を包みました。

ブランド品の高級な時計を買ったときよりも、シャンパンを入れたときよりも、マグロを一本買いしたときの方が、確実に気分がよかったんです。今でも初めてセリに参加したときに鳴っていた鐘の音が耳に残っています。

僕はあのときに、自分が稼いだお金の使い道を見つけたのです。

あと、漢たるもの、マグロを一本買いしたいっていう気持ちがあったんですよね。多分、「漢のロマン」をマグロの一本買いに感じていたんだと思います。

漢のロマンというと人それぞれで定義があると思います。僕はいつも自分が今際の際でどんな走馬灯を見るのだろうか、ということを考えています。そのときに思い出すことって、自分が情熱を持って追いかけたものだと思うんですよね。

僕は漢のロマンというものをすごく大切にしていて、現在はマグロにそれを感じているのですが、このマグロを買い続ける日々や、セリで聞いた鐘の音を人生を振り返ったときに思い出す気がします。僕がロマンを追い求めた日々の記憶です。

もちろん「みんなをビビらせたい」という気持ちもあります。一本買いをしたらきっとみんなビビるでしょ？

今は店舗が大きくなって毎日１００人以上のお客さんが来るようになってますが、最初に僕がマグロの一本買いをしたときは、まだ8席しかないお店でした。普通、8席の小規模のお店で100kgのマグロは買わないんですよ。

でも僕は買いました。なぜか？　それはもちろん、お客さんをビビらせたかったからです。

実際みんなビビってました。小さなお店でマグロの解体ショーみたいなこともやりました。マグロの解体ショーなんて8席の店でやることじゃないんですよ。でも僕は誰もやってないようなことをやりたかったんです。

マグロの一本買いを記念したマグロパーティーをやったんですけど、お客さんはめちゃくちゃ喜んでくれましたね。

最後に、マグロを一本買いする人ってどういうイメージがあるかって話なんですけど、きっと「マグロの一本買い」＝「強い」というのがあると思うんですよね。僕が演じたいキャラクターって「強い」なわけですけど、その中の一つにマグロの一本買いが絶対に入ってくると思っています。

お金の使い方でその人のキャラクターがわかりますが、飲み屋で高いボトルを入れるのも、高級スポーツカーを買うのも、強い人のイメージとはなんか違うと感じています。

マグロの一本買いをするというのには、これだけの意味があったりします。

僕が強い寿司大将を演じる上で、これ以上にキャラクターを演出できるものはないんじゃないかとさえ感じています。

35

自分の強みを知れば思い切れる

ここで小話を1つ。

新卒で証券会社に就職して、そのあと人材紹介の会社で働いた僕は、25歳のときにどうしても起業したくなって会社を作りました。

この性格は昔からで「やりたい」と思ったことはすぐにやらないと気が済まないタイプでした。だから「きっと今だ！」と思い立って即座に行動したんです。

営業の経験は積んでいたし、起業してもうまくいく自信もありました。体力もあったのでやる気が漲ってました。

そして、その行動力こそ自分の強みであると信じていました。

しかし会社を作るお金がなかったんですよね。当時の僕には親とか親戚でもポンッとお金を貸してくれる人はいませんでした。

そんな中、唯一僕にお金を貸してくれたのが銀行のカードローン。そこで100万円を借りて僕は会社を作ったのです。カードローン起業です。

当然、金利やリスクが高いので万人にはおすすめできませんが、自分の強みを知って

いるからこそ、この行動に踏み切れました。

僕はそういうところから出発したんですよね。そして起業初月から会社は軌道に乗って順調に売上を伸ばしていったんですが、途中で新規事業の失敗で数千万円の損失を出したこともあります。

もちろん、頑張って回収しました。うまくいくこともあれば、失敗することもある。会社経営をしているといろんな経験ができます。

ぶっちゃけ企業に勤めたほうが楽だとは思います。起業してうまくいけばリターンは大きく返ってきますが、頑張ったとしても必ず成功できるわけじゃないというのが起業です。

でも、もしもう一度、25歳の頃に戻ったとしても、僕はカードローンでお金を借りて起業する人生を選ぶと思います。**強い。**

36

そこに勝ち筋はあるか?

勝ち方の話です。

僕は「寿司屋になろう」と決めて寿司屋になったわけじゃありません。なので、寿司屋の大将に必要な、魚を捌く技術とか、仕込みの勘とか、シャリに空気を含ませて寿司を握るっていうような練習修業は一切したことがないです。

技術面で一流の寿司屋、寿司職人と戦って勝ちたいっていう気持ちもありますが、でも絶対に勝てるわけがないですよね。

だから本流とは違うやり方で、どうやって勝つのかってことを考えたわけです。

「どうやって勝つのか」を考えるとき、多くの人は自分の勝ち方まで「こうしたい」っていう欲を出しちゃうんですよね。こだわりといいますか。

でも目的を達成できるのであれば「勝ち方」はなんだっていいと思いませんか？　例えば「寿司屋として予約困難店を作る」という目的を達成するんだとしたら、寿司の技術で勝たなくても、ほかの勝ち方もあります。

本当は理想的な勝ち方があります。僕だって技術が伴っているならミシュランの星を取ってみたいですよ。でも取りたいと思っても、その方向に努力をするのは「勝ち」という目的の達成にこだわるなら、すごく分が悪いと感じます。

だったらそこを目指すべきじゃないですよね。「食べ放題にしてみようか」とか「価格は1万円ぐらいまでにしよう」とか、技術面で埋まらない差を、違うところで満たせばいいと思います。

これが僕の勝ち方なんですよ。だから自分がどうやりたいかというよりは、「自分が理想とする姿にどうすれば近づきやすいのか」「どの方法で勝つのか」を考えるんです。

惰性の話でもしましたが、自分起点ではなくてお客さんにベクトルを向けるみたいな話とほぼ一緒なんです。

自分がどうしたいかじゃなくて、こうなるために、どういうふうな道筋が一番自分の中で達成しやすいのか。だから、やりたいことよりも得意なこと、勝ち筋が見えることを優先するわけですよ。

これって当たり前に聞こえると思いますが、ほとんどの人はできてないです。ほぼ自分のやりたいことを優先しちゃうんです。不思議ですよね……。

どうしても自分がやりたい分野ってあるじゃないですか？　大概それは人気分野です。レッドオーシャン（競争相手が多い分野）で戦うのってキツくないですかね？

自分がやりたい分野じゃないけど、やってる人がすごく少ない分野で自分でもできそうだったら勝てる可能性があると思いませんか？

僕だってＩＴ系の企業を作って、わかりやすい大型資金調達をして、ＩＰＯ（新規公開株）で資産何百億円……みたいな、そういう勝ち方を本当はしたかったですよ。

でも勝てる可能性が低いからそれはしませんでした。

寿司屋に必要なこと

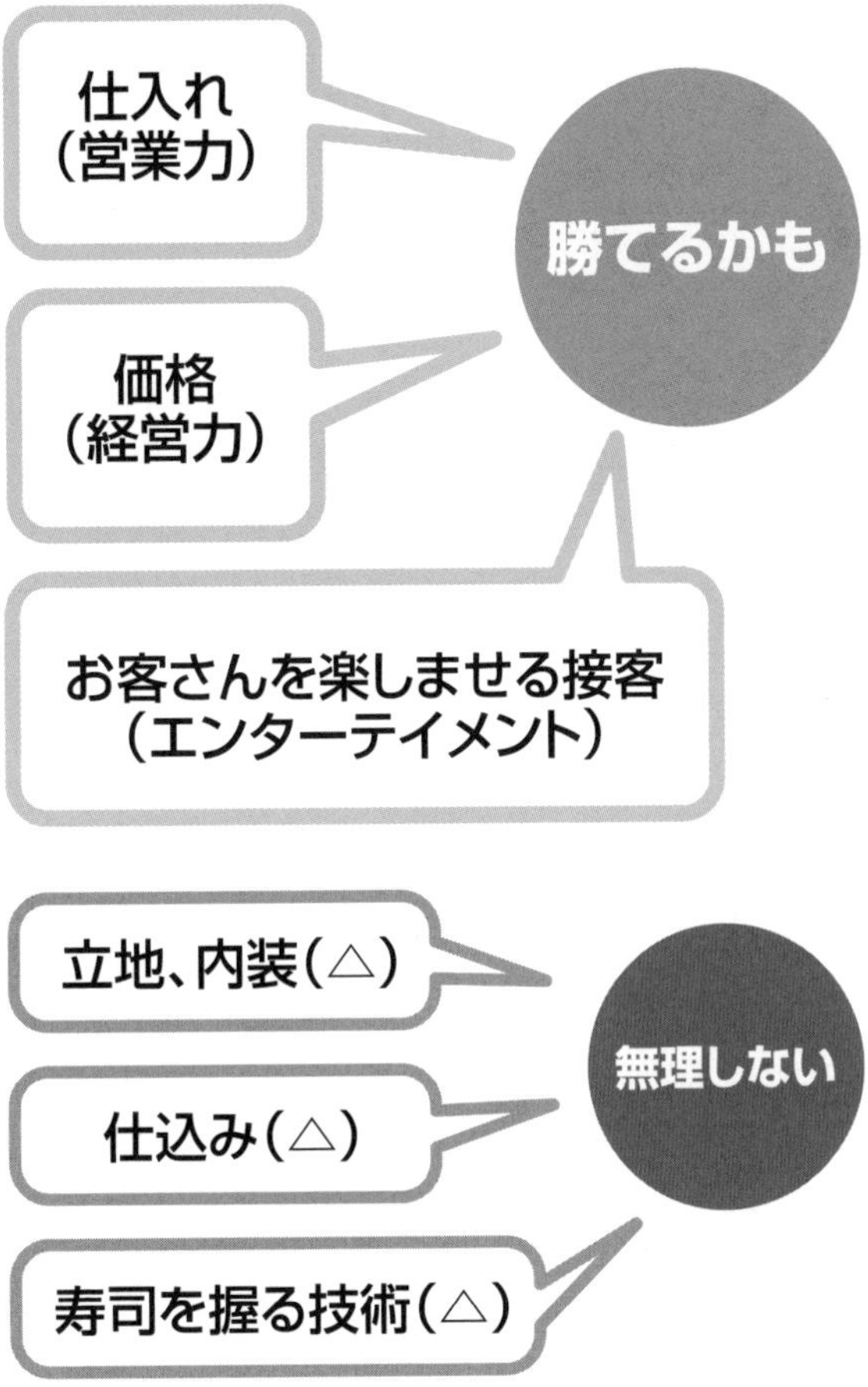
仕入れ
（営業力）
価格
（経営力）
お客さんを楽しませる接客
（エンターテイメント）
勝てるかも
立地、内装（△）
仕込み（△）
寿司を握る技術（△）
無理しない

寿司屋に限らず繁盛する飲食店っていうのは総合力だと思うんですよね。図の通り、自分が寿司屋をやるなら、自分の得意分野で突破すれば勝ち筋はあると思ったわけです。僕の場合は「お客さんを楽しませる接客」「仕入れ」「価格」の3つで勝てると思っていました。

「お客さんを楽しませる」というのは大将の人柄にかかってくると思います。雰囲気作りに関しては「ビビらせる」という意味で僕は自信があったんで、それにプラスしていいネタを安く、しかもお腹いっぱいに食べさせることができれば、これは勝ち筋があると考えていました。

僕はそもそも銀座の超高級寿司店と戦う気はありませんでした。いや、正確にいうと超高級店に正面から挑んでも勝てるわけがないからです。

小難しいことを書きましたが、実際には「こういうお寿司屋さんがあったらお客さんはビビるだろうな」をやりました。

・大トロおかわり無料
・ウニ増し増しサービス
・いいお酒飲み放題
・エブリデイ一本買いマグロパーティー
・無限高級アイス
・お値段コミコミ1万円

これがたくさんのお客さんに受け入れられて、今があります。

37

波は乗るもの。
運が良ければ
作れるかも

全てのことに言えますが「時流に乗る」って大事じゃないですか。早すぎたとか遅すぎたとか、タイミングってすごく大切なんだと思います。

僕もＳＮＳで面白いと思われたくて、本当にたくさんのことに挑戦してきました。そのほとんどが当時はスベっていたのですが、振り返ってみると面白いものとかも結構あったんですよね。

今でも「あれは少し時代が早すぎただけだ」と思っているのですが、何事も大切なのはタイミングなのです。世の中の「時流」を的確に読み取り、乗った方がいいわけです。

世界には時流を作り出せる天才も極稀にいます。ｉＰｈｏｎｅを作ったスティーブ・ジョブズも最初はスマートフォンがどういうものか理解されてなかったですけど、自分たちでちゃんとブームを作り出して世界に広げましたよね。

そういう天才たちは確かにいますが、そうじゃない人たちは来た波に乗っかった方がいいんですよ。

波を作ろうとしちゃダメなんです。ちゃんと乗ることすら難しいのに、波を起こそう

とする人が多いんですね。

僕も以前はそうでした。自分にしかできないビジネスを作ろうとか、自分にしかできない仕事をやろうとか、何かそういうことをずっと思ってたんですけど、そんなのは大体うまくいかないです。

世の中に求められている商売をすればいいし、例えばあなたが企業に勤めているのだとしたら職場で求められている仕事をするのが一番いいんですよ。すごくシンプルな話なんですけど。

上司がどうしてほしいのかとか、会社としてどんな商品を売って欲しいのかっていうのをちゃんと理解して、その通りにやった方が確実に評価されます。

時流なんてものは一生に1回作れたらラッキーなんだと思うんですが、僕は時流をちょっとだけ作れたかもしれないと思っています。

7年近く会社を経営してきて、有楽町かきだを創業したわけですけど、社長としてそここそこお金も稼げてたし、自由な時間もあったので、いろんな高級な寿司屋に食べに行けるようになっていたんですよね。

高級な寿司屋って雰囲気に緊張することはもちろんだけど、おかわりをもっと食べたいなって思っても、おかわり一貫いくらって書いてありません。

値段を聞くのはちょっと野暮だし、そういう雰囲気でもありません。たとえ勇気を振り絞って聞いたとしても、「大トロ一貫5000円です」と目が飛び出るくらい高かったりして、でも聞いてしまったらやめときますとも言えないんですよね。

あと最後にハイボールを飲んでちょっとすっきりしてみようかなとか、ビールで締めようかなとかあるじゃないですか。ドリンクもそういうお寿司屋さんとかだと安くはありません。だから当時の僕はお茶を飲んで帰っていました。

社長になって3〜4年ぐらい経つと、そんなことを考えないで食べられるようになりました。それがとても気持ち良かったんです。

僕がやる店では、あのときに僕が感じた「お寿司やお酒のおかわりを気軽にできる」気持ち良さを多くの人に体験してもらいたいって思ったんです。

それと自分が気にしているのはいいとして、例えば後輩とかパートナーとかにご馳走するときに、おかわりの値段を気にしながらだと奢られる方も気を遣っちゃいますよね。それをうちの店では感じて欲しくないなって考えて、そういうコンセプトの店があったら、僕は行ってみたいなって思ったんです。

そしたらそれが(自分で言うのもおこがましいのですが……)、ちょっと当たったんですよね。僕の場合は今回が最初で最後の時流を作った瞬間だったのかもしれません。そうなかなか来るもんじゃないし起こせるもんじゃないんですよ。

波が来てるのがどんなものかは、SNSでなにが流行ってるか、バズってるかを調べれば誰でもわかります。例えば寿司屋をやりたいなら「#寿司」で調べてみてください。もしかしたら有楽町かきだが出てくるかもしれないですね。

「#寿司」で調べると銀座の高級店のめちゃくちゃ美味しそうな寿司もいっぱい出てくると思いますが、寿司の流行りがすぐにわかると思います。

ＴｉｋＴｏｋで今流行ってるのが何なのかとかも、ＴｉｋＴｏｋを開いたらわかりますよね？　だから案外そういうものというか、特殊なリサーチ能力とかいらないいんじゃないかと思います。

今まではアンテナを張り巡らせていたマーケターとかリサーチャーにしか読めなかった時代の流れというのが、ＳＮＳを通じて勝手に向こうから表示されてきちゃうのです。

ＳＮＳには一般のお客さんにどうやったら楽しんでもらえるかのヒントが詰まっているので、これから飲食店をやろうと思っている人は絶対にチェックする必要があると思います。

僕はＸ、Ｉｎｓｔａｇｒａｍ、ＴｉｋＴｏｋは毎日欠かさずに見てます。ただそれは勉強しようとか意識高いとかそういうことじゃなくて、面白いからなんですが……。

38

自分のために
人を喜ばせる。
そのために
変わり続ける

結局、お客さんが喜ぶかどうかっていうのは期待値次第なんですよね。それは店に来る前から決まってる気もします。

僕の店の場合はＳＮＳに力を入れているので、それを見て来店してくださっているお客さんがほとんどだと思うんですけど、ワクワクしながら来店してくれて、実際に満足してくれるっていう状態を作っているわけです。

期待値を上げておいて、それに応える。期待値を上げるためには、お客さんがどういうことに喜ぶのか、どんな演出を求めているのかについて分析する必要があります。

例えばお金を気にせずにお腹いっぱいお寿司がおかわりできるとか、最後にあと一杯のビールを「ちょっと高いからお茶でいいや」と思わせることなく、お財布の心配をせずに飲めるというような体験としての楽しませ方をしているわけです。

「お財布を気にせず楽しめるお店」をコンセプトにしているんですけど、その他の部分でもお客さんにより良い体験をしてもらえるように日々パワーアップさせてます。

お客さんの期待値を更に上回ることを考え続けているわけですが、これは僕がお客さんを楽しませたいっていうよりは、楽しませなければ、僕が寿司屋の大将を続けられないっていう、そういう危機感の中でやってる部分もあります。

自分がこうなりたいとか気持ちよくなりたいみたいなものから、先の次元に行ってる気がします。

僕が寿司屋の大将であり続けるためにはお客さんを喜ばせなければならないんですよ。

そもそもの話なんですけど、有楽町かきだがバズった根本的な理由って「僕が割烹着が似合った」っていうことが関係してる気がします。

これは才能とかギフトの話になっちゃうんですけど、僕の体格、骨格、顔、歯並びなど、割烹着を着るために生まれてきたかのようにしっくりきてるんですよね。

こればっかりは生まれ持ったものなので他の人は真似のしようもないんですけど、割烹着にかかわらず、自分にしっくりくるものってあるんですよ、きっと。

人生の中で初めてなのにピッタリくるもの（僕でいうと割烹着）に出会えたら、それが自分にハマっているものの可能性が高いですので、覚えておいてください。

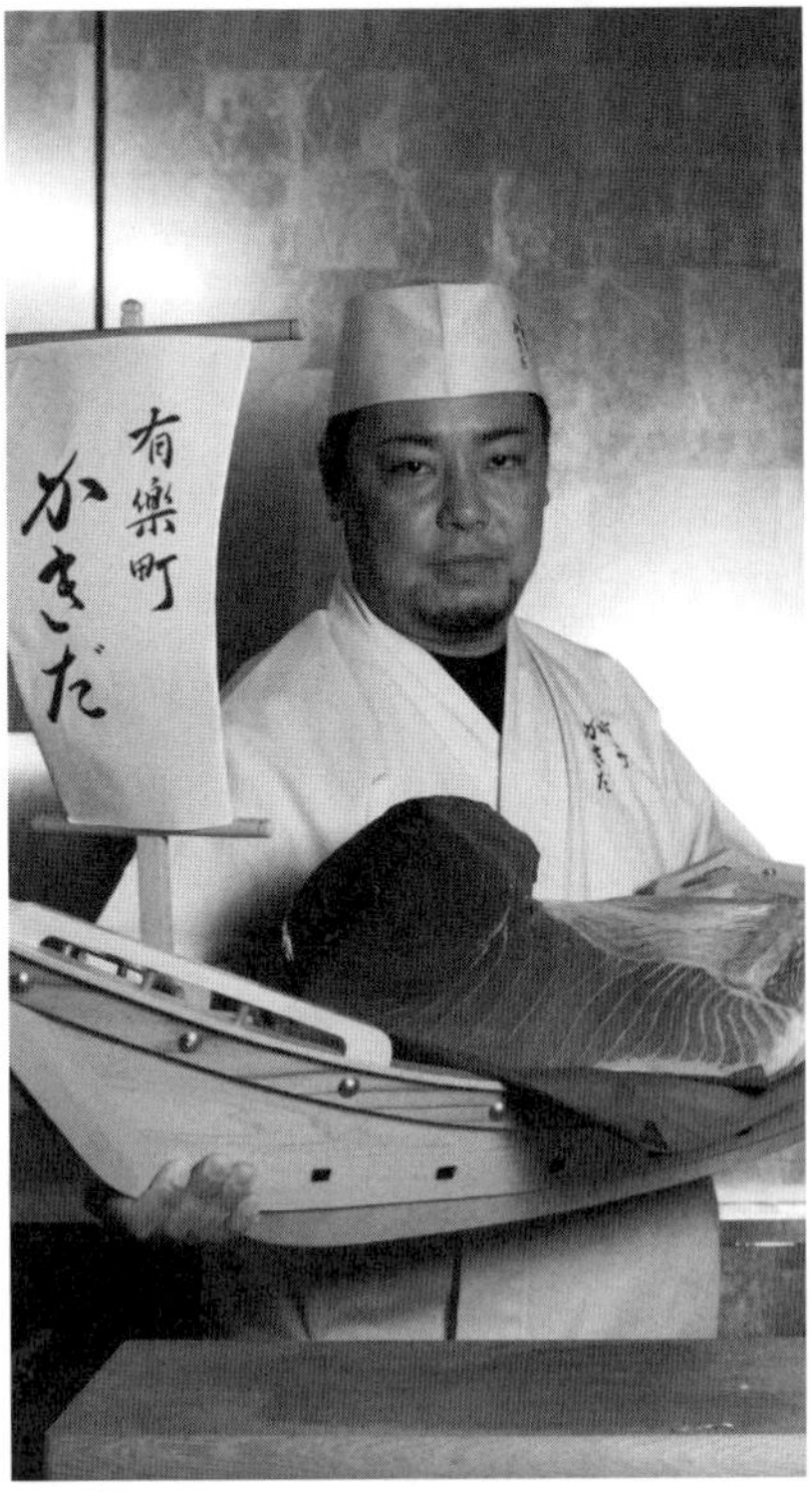
有樂町
かきだ

僕も自分の寿司屋が流行ったあとに知ったんですけど、フーディー（いわゆる美食家）の方に言われたことがあって、食関係で最もバズりやすいと言われてる3つの要素っていうのがあるそうです。

食べ放題、寿司、1万円

この3つが一番バズるんですって。1万円っていうのが例えば焼き鳥じゃ高いって思いませんか？　中華もちょっと高いなって気がします。鉄板焼きでもそう。でもなんかいい寿司だったら安いなって思います。

ぶっちゃけ僕は最初からそういうのを狙ってやったわけじゃないんで、理由は後付の部分も大きいんですけど、奇跡的にバズる要素が3つ重なっていたんですよね。

あと、正直な気持ちとしてはもう僕の人生は現時点で結構満たされてるんで、自分がこれ以上楽しく続けていくには、周りの人たちを楽しませるしかないんです。

先日も店内にマイクを入れたんですが、これでマイクパフォーマンスができるようになったので、昔のパチンコ屋さんみたいにホールを盛り上げたいです。こういうことを考えるのが、僕の原動力なんですよね。

自分がやってる寿司屋でもそうなんですけど、本当に満足しちゃったら終わりなんですよ。だから完全に自分を満足させちゃいけないし、お客さんを楽しませるけど、次も、その次も超えていかなきゃならないんです。

前回と一緒だったら感動はないですよね。やっぱりちょっと超えなきゃならないですよ。前回よりちょっと美味しかったな、ちょっと面白かったなって。

漫画でもどんどん強い敵が現れますよね？　読者はそれを見て楽しんでいます。だから僕もどんどん新しい驚かせ方を考えていかなくてはいけないのです。

それがちょっとでも期待値を下回った瞬間に、面白いけどなんか一時期より勢いないよねって思われるし、そう思っても口には出さずに離れちゃうはずです。

やっぱりちょっと超え続けていくっていうのは重要なんじゃないですかね。僕は常に自分がいつ一番頑張ってましたかと聞かれたときに「今」と言いたいんですよ。それが一番人間が魅力的な状態なんですよ。

だから寿司屋をやっていて、今人生で一番やってますと言い続けなきゃダメだと思っているわけです。それが僕の目指す「強い」だから。

今が一番って言うためには、必然的にお客さんの期待値をちょっとずつ超え続けなければならないっていう、いいスパイラルに自分自身を追い込み続けるんです。

わかりやすく「超える」という言葉を使いましたが、ちょっと「変わる」「変わり続ける」ということが大切なんだと思います。

39

大事にしたいお客さんとは

僕の店に来てくださる方、気に入って常連になってくださる方って、非常にリテラシーが高い人だなって思ってます。

うちの顧客層って社会人1年目から60歳ぐらいまでと幅広いですが、男女比率を見ても偏りなく来てくださってます。そのほとんどがＳＮＳがきっかけなんですが、やっぱり情報感度が高い人たちなんですよ。

一見さんのお客さんはほとんどいなくて、ＳＮＳで見て、調べて来てくれてます。その時点でリテラシーが高い人たちなんですね。

なぜリテラシーが高いかっていうと、僕はＳＮＳでその原価まで公開してるわけです。一般的な飲食店よりも仕入れ原価を多くかけていて、ネタに関していえば高級店と遜色のないものも多く仕入れしてるんです。

だからちゃんとわかる人にとってはすごくコスパの良いお店なんですよね。

とはいえ、一般的な感覚としてはそこまで安いわけじゃないです。お昼は1万1000円（税込）だし、夜は1万4000円（税込）なので。来てくださっている若いお客さんにとっては挑戦なんですよ。

どういう挑戦かっていうと、今までは回転寿司とかに行ってた若者が「ちょっと緊張はするけど蛎田さんがやってる店だし、カウンターの寿司に行ってみよう」って思って、初めて行くカウンターの寿司体験なんだと思うんですよ。

うちのお店って東京で初めて行くちょっといいカウンター寿司の入門編として、ベストな選択なんですよ。新宿の一流ホテルの19階で夜景がすごく綺麗で、ロケーションが最高なんです。色々調べてみて、その初めてのお店にうちを選んでくれたのは、きっと大正解なんですよ。

そうやって来てくれる人っていうのは、非常にものがわかる人だなって思うんですね。挑戦してるわけだし。

一方で寿司屋によく行ってるような人もいます。3万円、5万円の寿司屋にたくさん行ってる人もいるんです。そういう人たちからしたら高級店の半額以下から3分の1とかなので、値段が全然違うと感じるはずです。

「だとしたらこのクオリティーでよくここまで頑張ってるな」ってリテラシーが高い人ほど思ってくれるはずなんです。

食べ放題だからってネタをちっちゃくとかしてないし、切りつけも大きくしてるんです。そういうことがわかる人たちにやっぱり来てほしいと思いますし、わかりやすくするために原価率だったりとか、仕入れた魚とかをSNSで公開し続けているんですよね。だからこそわかる人に来てほしいです。天草の天然真鯛を1万円の店でおかわりできるっていうのは、普通ではないんですよ。一本買いの本マグロをおかわり自由にしているお店もほとんどないです。

うちの店を理解してくれる人ほど、うちのお店でより満足してもらえると思っているので、そういうお客さんにたくさん来てもらいたいです。

あと、常連さんは大切にしたいとも思っています。何回も来てくださったお客さんには、どんどん良くしたいです。お得意様っていうグループラインがあって約2000人の方が登録してくれているんですけど、お得な情報はまずそのグループラインに流すようにしています。ずっと有楽町かきだを気に入って来てくださっている方には、そのくらいのことはしてあげたいですね。

僕のそういう気持ちが強いからかもしれないのですが、常連さんが多いんですよ。すごく足繁く通ってくださる方もたくさんいらっしゃいます。

きっと常連さんたちは僕の進化を楽しんでくれてる部分もあると思います。僕が初めて寿司を握った日に来てくれたお客さんは今も来てくれているんですが、あの日から比べると、信じられないくらいに上達していると自分でも思っていますからね。

そういえばその記念すべき初握りの日に来てくれたのが「寿司リーマン」さんという、自分の給料をすべて寿司を食べるのに突っ込んでいる、超寿司好きのインフルエンサーさんです。今も常連として来てくれていますが、その方が「コスパ最強のお店」として有楽町かきだを広めてくれました。寿司リーマンさんが評価してくれたからこそ、今の僕のお店があるんだと思います。この場を借りて感謝をお伝えいたします。

僕はきっと初日で勝ってたのかもしれません。

40

ハードワークは
するべき

世の中で皆さんが憧れる職業の人を思い浮かべてみてください。

プロスポーツ選手、外資系金融、外資系コンサルティングファーム、総合商社、広告代理店、弁護士、医者、会計士……。

一般的に、なるのが難しいと言われている職業に就いてる人たちって、ワークライフバランスを保ってゆったり働いてると思いますか？

憧れの職業に就いている人たちは元々才能を持ってたり、学生時代にすごく努力して難しい資格を取得したりしています。狭き門をくぐり抜けてきた人たちが死に物狂いでやっているのにもかかわらず、世の中はワークライフバランスについて盛んに話されています。これが僕には理解できないんですよ。


たしかに働き過ぎて体を壊したりとかするのは元も子もないのです。健康は一番大切だからですね。でも人間は仕事をしすぎたぐらいでそう簡単に壊れないですよ。もし本当に壊れるんだったら、さっき挙げた職業の人たちってもっと倒れているんじゃないですかね？

僕も含めてそうなれなかった人たちこそ、もっとやるしかないはずです。僕みたいにそういう人たちに対して「追いつきたい」「超えたい」って思うなら、もう「やる」しかないじゃないですか。

耳あたりのいい言葉に騙されたつもりになるのはもうやめましょう。あなただってわかってるはずです。「このままじゃ駄目だ」「このままじゃ勝てるわけない」って。

今までたいして頑張ってきてない自分が、「働き方改革やワークライフバランスが大切で、仕事だけじゃなくてプライベートのバランスも維持するのが今の時代だよな〜」って納得してるはずないでしょ?

そうやって自分に言い聞かせているだけじゃないですか? 今のままでいいわけがない。あなたが本当になりたい姿はそれなのか? そのままの人生でいいわけがないと思ってるんじゃないですか? 自分の胸に問いかけてみてほしいです。

もっと頑張りたいと思ったのなら、今すぐ自分の理想の姿を作って、漫画のキャラクター設定をして、それを演じきってください。

本来ならワークライフバランスと自分の働き方を考えたとき、「そういう働き方やそういう考え方もあるよな」っていうのをインプットした上で選択肢があるはずなのに、ハードワークを選ぶことが良くないことみたいな風潮がちょっと強すぎやしませんかね？　僕の周りでも仕事で活躍されてる方々は、共通してすごく働いてますよ。

つまりはハードワークはすべきなんです。

僕の仕事の捉え方を話すと、仕事はゲームだと思っています。全部は思った通りいかないですし、クリアするのは難しいけど、やればやった通りにはなるんですよ。うまくいったらみんなからすごいって言われるとか、お金が儲かるとかそれなりの報酬もあります。

ゲームってそもそもクリアするのが大変だから面白かったりするんですけど、僕からすれば人気のゲームよりも、寿司屋のビジネスをやる方が面白いんですよね。そういう感覚でやってます。

だから僕の場合はハードワークが辛いという感覚にはなってないですよ。周りから見ればハードワークに見られているとは思いますが、自分がハードワークしようと思ってそれをしてるわけじゃないです。

そもそも本気でやらなかったら面白くないでしょ？　ゲームだって遊びだって仕事だって本気でやるから、うまくいったときに面白いし、失敗したときに悔しいわけで、本気でやるからより楽しいんですよ。

中途半端にやるぐらいならやらない方がいいです。中途半端ならすぐにやめたらいいじゃんって思うんですよね。昔の僕はそうじゃなかったけど、今はそういう考え方しかできないんですよ。決めたことに関してはとことん継続する。こういう人間って「強い」と思うんですけど、僕はそれを演じてるだけなんです。

僕が憧れてる人ってハードワーカーですよ、ほぼ例外なく。ワークライフバランスを重視している人には憧れないです。往々にして憧れられてる人っていうのは一生懸命やっている人であって、もっと言えば仕事だけじゃなくても、やっぱり本気で物事に向き合ってる人たちだと思うんですよね。

逆に聞きますがワークライフバランスを考えて成功してる人は周りにいますか？　たとえいたとしてもその人って天才の類じゃないですかね？　自分がなれもしない人を目指して、絶望するのはもうやめにしましょう。

ワークライフバランスと言われるようになって、まだ大した時間は経っていません。この先10年後、20年後にどうなるのかなんてまだわからないんですよ。ワークライフバランスという耳あたりの良い言葉に流された人の将来ってまだ誰も見たことがないのです。

僕が10年前、社会人になったときは、そんなぬるいことは許されていませんでした。売れてない営業は理不尽な詰めをされてました。「明日までにどうすんの？」って嫌味を言われたりとか。

ここ何年でそれが変わっちゃったんですよね。ぬるく生きた人たちが、この先にどうなるかは誰にもわからないんですよ。

だから僕はこういう風に書いていることが厳しいとは思わないです。むしろなんでそんなことになってるのかが不思議なんですよね。

成功者や政治家がそうやって耳あたりの良いことを言っていたほうが、各所から支持を得られるとかそういうことなんですかね？　言葉は優しいかもしれないですけど、人生に対しては全然優しくないと思いますよ。


さて、改めて自分の憧れている働き方をもう一度考えてみてください。キャリア相談でよくやるやり取りですけど、自分の理想の年収とか、働き方、仕事内容、職種みたいなのって、それを周りでやってる人がいるんですかね？

労働時間をめちゃめちゃ減らして、年収がすごく高いみたいなことは理想ではあるかもしれないけど、あなたはそれを選べる状況にいるんでしょうか？

例えば週に2〜3日しか働かずに、それでも年収1000万を稼いでる人はいます。でもそれは医者とかなんですよ。医者であればバイトでも日当10万円くらいはもらえたりするから、週に3日ぐらい働けば年収1000万は稼げるはずです。

だけどその人は医者なんです。医者ではないあなたにそれができるはずはないから、そうしたいなら医者にならなきゃ、今からでもいいから医大にいこうっていう話で終わりじゃないですか。

そうではなくて、自分がこれからなれる人になろう、という話です。

そもそも実現してる人が周りにいないのに目指すっていうこと自体が、僕の言いたいことの趣旨からすごくズレてます。自分がやれる可能性のあるキャラクターじゃないと演じることってできないですからね。

天才でもない僕たちみたいな人間が「0→1」のオリジナルを演じるのは無理です。ではなくて自分の周りにいる、自分の実力で目指せそうな人を演じるべきです。

僕は漫画の主人公を目指すことを推奨しています。実際にかめはめ波を放ちたいわけじゃなくて、その生き方、スタンスを真似して演じているということです。

仮にできなかったとしても自分を責めることはありません。絶望しないためにもちょうど良いのが実在する人間じゃなくて、漫画の主人公なんです。

大谷翔平選手を目指すのではなく、野球漫画の主人公を目指しましょう。

41

自分の弱い部分を認める

自分が得意としないところ、苦手なところ、弱いところを理解するというのはとても重要なことです。自分の弱みを認めないというのは、自分という人間をちゃんと理解しようとしてないのです。

今よりもっと進化したいと思ったら、まずは自分の弱点を知りましょう。自分の弱みがわかれば、それをカバーする動きが取れます。

僕だって不得意なことはたくさんあります。それらを理解しているからこそ、不得意な分野は周りのスタッフにお願いして、僕は得意なことをガンガンやるわけです。

年齢は関係ないです。伸びる人っていうのは何歳になっても「自分が間違ってたな」「改善した方がいいな」って思ったら、そのポイントを理解してすぐに改善します。

弱点を恥ずかしいと思って隠す人もいますが、むしろ曝け出しちゃったほうがいいですよ。素直に弱点を開示して「これは不得意なので助けて！」って自分の弱さを曝け出す、そんな人は強いです。なぜなら周りに助けてもらえるからです。

漫画『ＯＮＥ ＰＩＥＣＥ』のニコ・ロビンがルフィに「生ぎたいっ！！！！」と叫

んだシーンを思い出してください。そのかわりに自分が得意なところで恩返しすればいいんです。

でも多くの人が自分の弱さを認められないんですよね。目を背けようとするんです。そして都合のいい言葉だけに耳を傾けたり、自分にとっていいところだけを受け入れようとする人が多いんです。そういう考え方だといつまで経っても伸びないと思います。

例えば「好きなことで、生きていく」というＹｏｕＴｕｂｅのキャッチフレーズが流行りましたよね。この時代を象徴する先駆けの言葉でした。

これはかなり耳あたりが良い言葉だと思います。「好きなことをやって生きていく。そうやって生きられれば最高」って思っちゃいますよね？　でもこの言葉を「イヤなことはやらなくてもいいんだ！」って都合よく解釈しちゃった人も結構いるんじゃないでしょうか。

僕は「好きなことで、生きていく」については、「好きなことで生きていくためにイヤなことも死ぬ気でやりましょう」っていう意味だと思います。

実際にはＹｏｕＴｕｂｅｒって絶対に大変ですよね。四六時中企画を考えて、毎日撮影して、動画編集して、時には炎上したり、謝罪したりして。それこそ寝る間も惜しんで動画作りをしているんじゃないですかね。

これらのことをわかった上で、それでも「好きなことで、生きていく」というキャッチフレーズを、「好きなことだけやって生きていく」という意味で受け取るのは危険です。むしろ好きなことで生きていくのは、めっちゃ大変そうって思いませんか？

ずっと活躍しているＹｏｕＴｕｂｅｒは「好きなことで生きていくためにイヤなことも死ぬ気でやりましょう」を実践してますよ。画面越しの僕らに見せることなく必死になって毎日投稿しているんじゃないかなと思います。努力の賜物です。

でも「好きなことで、生きていく」の綺麗な上澄みだけ抽出すると、「イヤなことはやらなくていいんだ！」って解釈になっちゃうんですよね。

「これは私がやりたい仕事じゃありません。私は好きなことで生きていきたいんです」

こんな風な捉え方をする人が成長できるわけないですよね。ただ、そういう人は実際に多くいます。世の中に溢れている耳あたりの良い言葉は、多くの人に楽な逃げ道を作ってると思います。

弱点や苦手なものから、目を背けたい気持ちはわかります。だけど自分と向き合うということは、自分の弱みから逃げないってことなんです。それをちゃんと理解することによって、自分の目指すべき姿だったり、自分の勝ち方が見えてきます。

僕の場合は田舎の公立の大学しか出てないし、就職も中堅の証券会社、その後は大手の人材紹介の会社でしたけど、少なくとも就職した時点では何者でもなかったです。でも営業ができるから、その一点突破でここまでやってきました。ただできないこととか、苦手なこととか、自分の弱みはちゃんと認めていて、そこをカバーするようにしてきました。

弱みを認めないとスタート地点に立てないんです。

これは漫画の主人公の話と通じるんですが、自分の弱さを認めないと応援されないんですよね。その人の弱さってしっかり周りにはばれてるんですよ。「自分はこれはできない！　だからみんな助けてくれ！」って言ったら「しょうがねーなー」って言いながらみんな手伝ってくれますよ。

完璧な人よりもそういう隙がある人のほうがみんなに助けられるんですよ。僕が俳優さんみたいにシュッとした顔で生まれてきて、慶應義塾大学を卒業して、ゴールドマン・サックスに入社して、そういう人生を歩んだ後に寿司職人になっていたら、きっと今みたいにはなってないし、もっとよくない状況だったかもしれません。

何が言いたいかというと、完璧じゃないからいいんですよ。弱さや弱点が、逆にいいんです。そう自分に言い聞かせましょう。

弱さと強さって表裏一体です。自分の強みを認識することは弱みを認識することなんです。何かをやるってことは何かをやめるってことじゃないですか。言い換えれば、捨てるってことなんです。

自分の弱さを曝け出すっていうことに抵抗がある人は自分の強みを磨けないし、周りに助けてもらえないです。

42

自分の中で筋を通す

漫画の主人公を改めて思い浮かべてください。それぞれいろんなキャラクターがいますが、みんな一貫した考えがあって決してブレないんです。仮にブレたとしても、「あのときは間違っていた」と認めて、そして間違っていたことを謝ります。一貫していて筋が通ってるんですよね。

多くの人は言ってることは一見正しいです。正しいことを並べてるんだけど、筋が通ってないことっていうのがめちゃくちゃ多かったりします。

例えば仕事で結果が出ない人が「仕事で誰よりも早く結果を出したいんです！」と言ったかと思えば、「でも今日は飲み会があるから定時で帰ります」とも言います。これをどう思いますか？

「息抜きも大切だから」みたいな考えなんですかね。僕からすると、やるの？　やらないの？　どっちなの？という感じです。

「たまの息抜きも大事」という考えは一見正しくみえますよね。でも自分は誰よりも早く結果を残したいと言うなら、筋が通らない話なんです。

結局は「誰よりも早く結果を出したい」と思ってないんだから言わなきゃいいんですよね。そういう人は息抜きの方を大切に生きてればいいんです。

「仕事だけじゃなくてプライベートも大切」と言ってる人が、今日は用事があるから定時で帰りますっていうのは全然いいと思いますよ。

でも「誰よりも早く結果を出したいんです！」って言いながら、「すみません、ちょっと今日は用事があるんで」って言う人は筋が通ってないし、こういう人って結構います。しかも筋が通ってないことに気づいていない。それで「ちょっと筋が通ってないんじゃない？」と言われたところで認めようともしない。気づいたとしても、耳の痛い言葉からは逃げちゃうんですよね。

別に逃げてもいいんですけど、だったら最初から言わなきゃいいんです。

寿司屋で結果が出てない大将がいたとします。寿司は美味しかったとするじゃないですか。なのにお客さんが入ってない。で、それを悩んでいる。

例えばですが、店員をお客さんの目の前でめちゃくちゃ怒鳴っちゃうとか、そういう大将だとしたら、お客さんがその雰囲気がイヤだから美味しいんだけど行きたくないって思われてもしょうがないですよね。

で、その大将に「それを直せば、お客さんは戻ってくるんじゃないか?」って話をしたら、「これが俺のやり方なんだ」って言うわけです。

これって筋が通ってないですよね。だってお客さんが来ないことに悩んでるわけでしょ。悩んでないならいいですが、困ってるなら変えるべきですよね。でも「俺はこのやり方でやるんだ!」って、筋を通してるようで通ってないです。

全部の仕事に共通することですけど、こういう話はたくさんありますよ。

ここでも漫画で考えてみると、『ドラゴンボール』の孫悟空が戦いの途中に「駄目だ!ちょっと疲れたから1回帰って寝るわ」って言うわけないですよね?

自分がどうありたいのかっていうことを演じていれば勝手に筋が通るんです。筋が通っていれば、人は自然に集まってくるし、付いてきてくれます。そして助けてくれるんです。

43

行動だけが信じてもらえる

僕は人の言ってることは信じないです。というよりも会社経営をする中で人の言っていることを信じられなくなりました。だって、「明日から頑張ります」って言っていた社員が翌日に退職願いを出してくることもありましたし。

でもその人は悪くないと思うようになりました。みんなが本心で話しているわけじゃないし、言ってることはその場その場で変わります。だから「行動」だけを信じることにしたんです。

例えば痩せたいって言ってて太ってる人は結局痩せたくないんですよ。その人は「そう思ってるんです！」って口では言うんですよ。でも痩せたいと思ってたら痩せてるはずだから。すぐには結果が出ないかもしれないけど、少なくとも今日よりは来月のほうが痩せてるはずなんです。でも先月より痩せてないってことは、その人は言ってるだけで、痩せたいと思ってないんです。

起業したいって言う人も、起業したくないんですよ。起業したいって思ってる人は起業したいって言う前に起業してるんです。

「起業したいから起業しました！」

これが起業したい人の筋の通った言動です。

別に言うなっていうことではなくて、その人の本当にやりたいことっていうのは行動にしか表れないということを言いたいんです。

本当に寿司屋の大将として極めたいと思ってる人がいたとして、仕入れに行かないとか、魚を捌く練習をしない、仕込みの練習をしない、お客さんの前で握って楽しませようとしないんだとしたら、口で言ってるだけですよね？

だから行動を見れば、その人が本当にやりたいことってのはわかるんです。あんまり話さなくても行動だけ見れば判断できます。やる人は行動して結果を出してるんです。

自分が本当にやりたいことなのであれば、やらなきゃ。

44

「ごめんなさい」で許される状態が最強

僕が思う最強の営業というのは、ロジカルでミスがないみたいな、そういう完璧な営業ではありません。そういうタイプを目指そうとしてる人もいるかもしれないけど、実はその手の営業は脆いんです。

僕が思う強い営業ってわからないことがあったら「すみません！　ちょっとわからないんですぐに会社に帰って調べて回答させてください！」って言えちゃう人なんです。その方が圧倒的に強いんです。

「間違えちゃいました！　ごめんなさい！」って言って許されるキャラクター。これこそが目指すべき理想像なんです。

どれだけ理路整然と正しいことを話しても、意外と人の心は動かないし、完璧人間みたいになっちゃうとミスが許されなくなっちゃうんですよね。働けば働くほどすごくキツくなっていきます。周りの期待値を自分であげちゃってるんですよ。

逆に「大丈夫かな？」って思われている人が結果を出したら、「お！　意外とやるじゃん！」って褒められたりするし、ミスしちゃった場合でもある程度許されるんですよね。

だからわざと遊びを持たせるってことは、めちゃくちゃ重要だと思います。むしろそうじゃないとこれからの時代を乗り越えられないんですよ。だって人間はミスしちゃう生き物ですから。

僕が寿司屋を始めたときだってそうでした。初日に予約してくれたお客さんにこう言いました。

「今日初めて握ります。昨日の夜、ＹｏｕＴｕｂｅで握り方を勉強しました。うまくできるかわかりません。そこは許してください。でも最高のネタを用意しましたので、好きなだけ食べていってください」

最初に謝りました。でもこれが僕が思う最強の状態なんです。

普通の人が目指すところって、めちゃくちゃ知識があって、いい提案ができて、ミスをしない、そういう人ですよね。でもそれはなれないです。

ミスをしない完璧な人間っていないんですよ。仮にそういう人がいたとして、ＡＩがこれから進化していったら、確実に負けちゃいます。人間なんだから、人間の強みを生かすべきなんです。

ロボットとかＡＩがミスしたら終わりじゃないですか？　例えば１＋１を間違ったら壊されますよね？　正しい提案をするとか、知識を持っている点においては、人間はロボットとかＡＩに勝ち目がないんだから、不完全なところを強みにしていきましょう。完璧を目指すと無限が拡がるんですよ。近づけば近づくほど完璧が無限に遠のいていくんです。一生近づけないわけですよ。でもみんなそこを目指そうとするんですよ。

うまくいった人はうまくいった風に見せるんです。失敗したこともまるでシンデレラストーリーのように物語にしてしまうのです。なので、傍からみると完璧なように錯覚しちゃうんです。「自分はこういうふうに考えて、こういう危機を予測して、そしたら大成功したのです」みたいな。

「孫正義はビジネスの天才で、何やってもできるビジネスパーソンだ！」って思ってる人は考えを改めてください。あの孫さんでさえも完璧ではないのです、きっと。

犬とか猫はかわいいじゃないですか。トイレに失敗したときは怒るけど許しちゃいますよね、かわいいから。でもロボットが同じことをやったらどう思いますか？　自動充電式のロボットが毎回自動充電するところまで行けずに、どこかで止まってたら返品しますよね？

猫や犬っていうのは完璧じゃないからかわいいんですよね。それが生き物の強みだと思うんです。

完璧を目指さなくていいんですよ。うまくいかなくても謝って許してもらいましょう。甘いって思う人もいるかもしれないけど、それが人間だし、許してもらえるようにするんです。

僕は掃除が苦手なんですけど、社員が床とか僕の机の上とか掃除してくれるわけです。でも社員ができないことを僕はやってるわけであって。きっとそれでいいんですよ（いつも掃除をしてくれてありがとうございます）。

45

ツラいときは ちゃんと伝える

ツラいときはツラいと言う。これはわがままになろうってことではないです。自分のことは自分でもわからないですよね。でも他人にはもっとわからないはずです。だから自分がどういう状況なのかっていうのは、他の人にわかってもらった方がいいと思うんです。助けてもらえるかもしれないから発信していった方がいいです。

自分はこういうことが苦手ですとか、自分はちょっと今ツラいですとか、そういうことを周りにわかってもらうのってあんまり積極的にやらないですよね。でも別にそれって全然ネガティブなことじゃないんですよ。

逆にツラいところを見せないで、明るく見せている人って意外と弱いんですよ。元気で明るくていつでもニコニコしてて、ポジティブなことしか言わなくてっていう人は周りから「この人はツラいことないんだな」って思われちゃうんですよ。でもそんなことないですよね。

ここでアンパンマンを思い浮かべてください。

「顔が濡れて力が出ない」

これが強さです。

自分の弱さをちゃんと伝えられる人こそ強いのです。

「アンパンマン、新しい顔よ！」ってジャムおじさんやバタコさんが助けてくれるじゃないですか？　なんならめいけんチーズにも助けてもらってますよね。アンパンマンが、「顔が濡れて力が出ない」ってちゃんと伝えるから気づいてくれるんです。

もしアンパンマンが強がって何も言わなかったとして「お、アンパンマン！　顔が濡れてるじゃん」って誰かが察してくれるんですかね？　そんなに他人のことを注意深く見てくれている人なんて少ないんですよ。アンパンマンはまだ目立ってるから、誰か気づいてくれるかもしれないですけど、ほとんどの人は顔が濡れてても、周りは気づいてくれないです。

他人は残念ながらあなたのことはそこまで見てないんですよ。だからやっぱり言わなければいけないのです。

そして非常に重要なポイントは、だからって「何かやってほしい」と思ってはいけないことです。

言うだけです。自分の状況を周りの人に知ってもらうことが目的であって、だから「助けてください！」ってことじゃないんです。それだと話が変わってきます。それを言っちゃうと、お願いすることになっちゃうんですよ。

「今ちょっと本当にこのことでいっぱいいっぱいなんです」って周りに伝えれば、余裕がある人は勝手に気遣ってくれるはずですよね。優しくしてくれたりもすると思います。

例えば飼ってた大切なペットが亡くなっちゃって、「今悲しいんでちょっとだけそっとしておいてください」って言うんですよ。それを言わないとすごい暗い人だと思われちゃうじゃないですか。

何かしてほしいことが明確にあるなら頼んでもいいけど、基本的には求めてはいけないです。見返りを求めるとわがままになるんですよ。

とはいえ、ちょっと助けてほしいなって思う気持ちもありますよね？　そのときは孫悟空を見習ってください。

「オラに元気をわけてくれ！」

悟空がボロボロになったときに元気玉を作るじゃないですか？　あのときの悟空の状態が一番参考になります。

「元気を分けてくれ」って悟空は言ってますけど、元気を分けてくれない人に対してキレたりしませんよね？　「なんでお前は俺に元気をくれないんだ？」とか絶対に言わないですよね。

地球を守るために戦ってたとしても、そんなことは他の人は知らないんですよ。戦ってボロボロになって最後に「オラに元気を」と言っても、「自分はちょっと元気を渡せないです」っていう人もいっぱいいいるだろうけど、その人に対して悟空が怒ることはないんですよ。

アンパンマンも一緒です。「顔が濡れて力が出ない」って言ったときにバタコさんが助けてくれなくて、ばいきんまんに負けたとするじゃないですか。それでもアンパンマンは「なんで助けてくれなかったんだよ！」って絶対に言わないですよ。

アンパンマンも「顔が濡れて力が出ない」って自分の状態を言ってるだけなんです。「早く新しい顔をくれ！」とまでは言わないんですよ。周りが自らやっていることなんですよね。

でも実際には怒る人がいます。「自分はこんなに大変な思いをしてるのに、誰も元気をくれないんだ！」「顔が濡れてるんだから助けろよ！」ってなっちゃう人がいるんです。

悟空は性格的に気にしないかもしれないけど、自分のことだったらなんかむかついて、「なんでなんだ！」って思っちゃうものなんですよ、人間だから。だけど、そこまで他人に求めたら「わがまま」になっちゃうんです。

ツラいときは孫悟空やアンパンマンになったつもりでＳＯＳを出してください。

46

とにかく「今」に焦点を合わせる

人生っていうのは、今しかないわけですよ。これを本当にわかってる人は実は少ないです。Now or Neverなんです。

人間って今一番頑張ってる人っていうのが最高に魅力的なんです。だから今を頑張るべきなんです。今一番やってるんだ！と胸を張って言えるように日々生きていくんです。

それは時間を費やしてるってだけじゃなくて、結果を出してるでもいいし、今一番楽しめてるでもいいんです。

とにかく「今」に焦点を合わせないとダメなんです。

一番輝いていた瞬間を「過去」や「未来」に置いているのは良くないです。過去に置いている人は単純にもったいないです。せっかくその過去に誇るべき経験をしてきたはずなのに、その経験を今に繋げてもっと輝いてほしいです。

そして未来に輝く瞬間を見据えている人に対して言いたい。結果や実績が今なくても、未来に輝く人は、今もきっと一生懸命なはずだし、この瞬間も輝いているはずなんです。

今が一番だったら、未来だってきっと一番なはずなんですよ。だから「今日一番やりきりました！　楽しかったです！」、これを続けていくことが重要なんです。

今を一生懸命に生きるっていうことを軸にすれば、深く考えなくていいはずです。シンプルに考えるのが一番なんですよ。先のことなんか考えすぎたらきっと不安になると思います。

僕を見てくださいよ。会社全体で従業員100人とかいるんですけど、予測できない未来のことを考えてどうするんですか？　またコロナ禍みたいなことが起こるかもしれません。

だから何か不安になる気持ちもわかるんだけど、だったらなおさら今を一生懸命やるべき。そうすれば不安を抱く暇がなくなります。やっぱり人生が不安になるときっていうのは暇なときなんですよね。

甲子園を目指す高校球児が真夏の暑い練習中に、「俺って将来どうなるんだろう」って思うわけありません。今すぐに水が飲みたいとか、飛んでくるボールを取ろうとかしか考えてないんですよ。

何かに必死になっているときは不安にならないと思います。今この瞬間を一生懸命であれば、そんなことを考える暇はありません。

僕の場合は「今日もやりきったなぁ。明日も朝5時から市場で仕入れ……」くらいでもう寝ています。本当に忙しいとそういう状況になってくるんですよ。

人間、不安になるのはわかります。だからこそ、いい意味で暇のない環境を作るってことが大切なんです。

一生懸命やったらすぐ寝られるようになります。将来の不安を考える時間よりも、今一秒でも早く寝るほうが本能的に優先されるはずです。

47

自分がコントロールできることに集中する

たびたび言っていますが、基本的に僕は大きな目標を立てません。立てる必要がないと言った方が正しいかもしれません。今やりたいことを一生懸命やって、もし途中でイヤになったらやめればいい。そういう考え方で生きています。

でも自分で目標設定して頑張りたい人もいると思うんですよね。「今日はこれを頑張るぞ！」とその1日の目標を立てるのもちゃんとした目標設定だと思います。実は僕もその程度の目標設定くらいはしています。

でもそれが半年後、1年後の目標とかになってくると、そこまで先のことはわからないから、あまり意味がないと思うんですよね。そもそも僕はたとえ目標設定をしたとしても、目標って達成しなくてもいいと思っています。自分が頑張ったとしても、たまま外部的要因で達成されないとかでうまくいかない可能性だって十分にあるわけです。

重要なことは目標を達成することではなくて、それを達成するために、自分が100%コントロールできるアクションをやりきることなんだと思っています。

自分が100％コントロールできるアクション、僕の場合はこんな感じです。

・毎日市場に行く
・いい魚を仕入れる
・丁寧に魚を捌いて仕込む
・お客さんを最大限楽しませるように握る

これらのことは自分が主導権を握れるアクションだと思います。お客さんが実際楽しんだかどうかは別ですが、そうするために自分ができることを全部やるっていうのはコントロールできることだと思います。

この4つのことだけでいいから、半年続けるって決めてやりました。

これらをやったところで確実に繁盛店になれる保証はありません。ただ予約困難店の大将はこれらを絶対にやっているはずです。

目標が達成できるかはわかりません。

しかし自分がなりたい姿があるのであれば、自分がコントロールできる範囲のことは

しっかりとやるんです。結果はわかりません。でもやるんです。

僕もこんな意識高いことを言ってるけど、100％コントロールできることをやりきれてなかったりします。だけどそれを認識して、「よし！　今日もやるぞ！　やらなきゃな！」と自分がコントロールできることをやってるんです。

そうすれば達成はできるかわからないけど、自分の中での最高地点には確実に近づきますよね。

人間は完璧じゃない。しかも世の中の流れや不測の事態があるから目標は達成できないことも多いです。でも結果が出ないことに対して、クヨクヨしたりとか、自分は駄目なんだと思う必要は全くないです。

自分が目指すものに向かってコントロールできることは100％やってきた！と言えるならそのまま進んでください。もし自分がやろうと思えばできたことなのに、やってないことがあるのであれば、めちゃくちゃ悔やむべきだし、次からなくすように意識を変えるべきです。

受験勉強はとてもわかりやすいです。英語でいい点を取りたいと思ったら、1日10個単語を覚えるって決める。10個覚えればいいんですよ。それを毎日続ける。それをやっても確実に100点を取れる保証はないですけど、でもやる。これが自分を100%コントロールするということです。

この習慣が社会に出ると活きてくるんですよ。学生時代に受験勉強を頑張ったりとか、部活を頑張ったりとか、自分をコントロールしてきた人っていうのは、やりきれる確率が高いんですね。

だからそういう人は社会に出て活躍しやすいですよね。別にいい大学を出てるからとかではなくて「コツコツと続けてやる」を練習してきたんですよ。

そういう人が世の中では評価されやすいし、仕事に置き換えても再現性があるんです。

逆に勉強がたまたま得意で、大して勉強もせずに（100%コントロールできるアクションをやりきってないのに）、いい大学とかに入っちゃった人がいるんですけど、そういう人は社会に出てつまずきやすいです。

野球とかも一緒です。大して練習してないのに元々身体能力が高くて、高校野球までそこそこうまくいっちゃった人は、やっぱり社会に出てから、そういう100％コントロールできるアクションをできなかったりするんです。

学生時代を振り返ると僕もそこまでコントロールできるアクションをやりきれていなかったと思います。でも今の僕がこのままの思考でタイムリープできたなら、きっと高偏差値の大学とかに入っていたでしょうね。今は100％コントロールできるアクションをやりきる人間を演じているので。

自分がやりたいかどうかじゃないです。この目的を達成するためにやるって決めたことを、やりきる、演じきる、それだけです。あと結果に一喜一憂するのはやめましょう。自分が100％コントロールできるアクションをできていたのなら、落ち込む必要はありません。いつか必ずチャンスが巡ってきます。**強い**。

第 4 章

何者かに
なった今、
考えること

48

「自分」と「演じている自分」が分離している

僕は有楽町かきだ大将を演じているんですが、「有楽町かきだ大将」に僕が追いつけていないと思う瞬間があります。

理想の自分や漫画の主人公、これを自分の中に据え置いて、追いかけるように生きていく。

このことをここまで散々言ってきました。

その理想の自分、漫画の主人公の方が先に行ってるのが理想の状態で、全てにおいて自分が演じきれてなく、「これは追いついてないぞ」「置いていかれちゃうぞ」と感じるその感覚がすごくいいんです。

僕は有楽町かきだ大将なのでやりたいことがいっぱいあるんですよ。メニューを変更しながら、職人を採用して、ホールの動きを良くして、生産者さんからの仕入れのルートを増やしてとか、やりたいことがたくさんあるわけですね。

お客さんを喜ばせて、驚かせて、期待値を超え続けようと思ったら、やらなくちゃいけないことが無限に湧いてでてくるのです。きっとそう考えるのが有楽町かきだ大将です。

その僕が目指している強い自分、有楽町かきだ大将という自分に、今は全く追いつけてないのです。

というか追いつけたら、それはもう演じてないです。理想と現実には乖離があって当然です。もしその差を感じないのであれば、それは理想ではなくて自分です。でもその差がなかなか縮まっていかないと感じているのなら、きちんと演じている証拠でもあります。


「有楽町かきだ大将ならどうするかな?」


僕はいつもこう自問しています。僕は決して追いつくことのできない、理想の大将の幻影を追いかけ続けているのです。

きっと僕が最初に理想としていた大将像というのはとっくに追い抜いていると思います。でも自分の中での理想像は日々更新されていっているので、だからなかなか近づけないのでしょうね。

49

周りと
もう1人の自分に
引っ張られる

いつも自分の周りにいる5人の平均値が、自分の能力や収入などを表すと言いますよね。人は自分を映す鏡と言いますが、自分の近くにいる人は、それこそ自分を映し出しているのかもしれません。

自分よりも能力も収入も上の人が周りにいれば、まだそこに自分が達してなくても、感覚的に「当然それが当たり前」と思えるようになってきます。そういう環境で過ごしていれば、その人たちが特別にすごいと思わないようになるんです。これは侮っているとかそういう意味ではなくて、それが普通という感覚が馴染んでくるのです。

だからこそ自分が一緒にいたいと思える人といることが、とても大切なのです。

中学校とか高校でときどき、野球とかサッカーとか大してうまくなかった生徒が強豪校に入ったりします。そもそも中学でもエースじゃなかったのに、強豪校に挑戦する、みたいな感じでです。そういう人って3年間やって結局その学校でレギュラーになれなかったとしても、レベルが跳ね上がるんですよね。

それってやっぱり周りの空気感とか、レベルに引っ張り上げられるんでしょうね。こ

れはよくある話です。

逆に周りが自分よりも意識が低い人で、だらけているとかだとそれに引っ張られてしまいます。「これぐらいでいいか〜」みたいに考えちゃうようになるんですよね。学べることが少ないです。

もし今の自分の職場環境だったり、上司が自分が理想とする姿に引っ張っていってくれる存在じゃないのであれば環境を変えたほうがいいです。仕事だったら転職とまでは言わないまでも、部署異動を希望するとかですかね。

「飲みに行きましょう」と誘われたときに、「その飲み会は意味ないな」と思ったら僕は行きません。逆にこの人とは行きたいって人に誘われたら何がなんでも調整して行きます。すべてのことにおいて自分が「この人と関わりたい」と思える人と時間を過ごすんです。

もちろん向こうにもそう思ってもらわないと関係は成立しないので、そのための努力は日々しなければならないです。

そして自分の周りに置くべき5人と、プラスでもう1人います。それは理想とする自分です。この理想の自分は、自分を一段高いところへと引き上げてくれます。

常に自分がどういう人間になりたいのかイメージをして、そして自分の横に置いてください。これは100%コントロールできるアクションの1つです。

50

飲み会に行くな！
飲み会に行け！

ここでは非常に特殊な理論を展開しているため、読み飛ばしていただいても構いません。

まずは飲み会に行くのをやめましょう。その飲み会には意味がありません。飲み会に全部行くなって言ってるんじゃないです。今あなたが行ってる飲み会が、理想とする自分に近づくために本当に必要なものなのか考えてほしいです。

友達と行く飲み会には、実は生産性がないんです。これを言うと面白みに欠ける人間に聞こえちゃいますけど、はっきり言います。

飲み会に行くな！

その時間にもっとやるべきことがあるわけです。例えば寝るでもいいです。次の日、早起きして1時間早く仕事に行って人よりも先に進んでおくとか、本を読むとか、ジョギングをするとか、映画を観るとか1人でやることがたくさんあります。

自分を磨くことを考えて行動するのです。自分磨きには色々なことが含まれます。休日にラーメン屋巡りをして、良いサウナを見つけて整うとか、うまい寿司屋、焼肉屋を探すのもとても大切な自分磨きです。

自分の時間をこういう風に使う人の方が、実は人生を楽しんでます。人生の楽しみ方の問題ですが、対外的なものに求めるのではなくて、自分自身が本当に楽しいと思えることを探すことが大切なのです。

「自分の周りの5人」の話に戻りますが、自分でチョイスしようとしたら駄目なんですよ。自分よりレベルが高い人に自分を選んでもらうんです。だから自分も魅力的な人間にならなきゃいけないんです。

飲み会に行って話ができるような人は基本的に自分が理想とする、レベルが高い人たちじゃない可能性が高いんですよね。そういうところに行きまくって人脈を広げたいとか、出会いをいっぱい作る方がいいみたいなのは大体間違いです。

仮に異業種交流会に行ったとしましょう。そこでもし魅力的な人に出会ったとしても、あなたに魅力がなかったら相手にされないですよ。そんな出会いがあったときに、お茶をしたいと思われる人間になるのが先です。自分を磨いておけば、自分よりもレベルが高い人たちが、向こうから誘ってくれるようになります。

努力してる人、今が人生で一番楽しいです！と言える人が魅力的だと思うのですが、人生を思い切り楽しんでる人っていろんな異業種交流会で飲んでる人じゃないんです。外に出るってことはそれだけでエネルギーをたくさん使うんですよね。そのエネルギーを自分に向けて使うとすごく充実するんですよ。

僕の場合、釣りを趣味として真剣にやってきました。プライベートの時間をすべて投入して、とにかく海にいったんです。道具もたくさん買いました。飛行機に乗って遠征をして大物を追いかけたりもしました。釣りと向き合ってきたと言っても過言ではないですが、その甲斐もあって、釣りがすごくうまくなったんですよね。

これは狙ったわけじゃないんですけど、経営者の人って釣り好きが多いんですよ。僕がいろんなことに挑戦していくなかで、興味を持ってくれた経営者の方々が釣りに誘ってくれる機会がとても増えていったんですよね。これがまさに自分を磨くとレベルの高い人たちが誘ってくれる一例だと思います。

自分の魅力というのは付け焼き刃では身につきません。長い時間自分と向き合って、自分のためにエネルギーを使い、磨き続けることによって光りだすのです。

だから僕はもう一度言います。

飲み会に行くな！

もし飲み会の誘いがあったら「これは自分にとって本当に必要なのか？」と一度考えてみてください。なんとなく参加している飲み会なら断って、旨いと話題のラーメン屋に行ってください。先月オープンしたサウナに行ってください。大海原に釣りに出てください。家で読書をしてください。

やることはたくさんあります。とにかく自分を磨いてください。

飲み会に行かず、自己研磨に励む人間は立派です。しかし自己研磨をし続けていると、面白みのない人間になってしまいます。今からさっき言っていたことと真逆のことを言います。

飲み会に行け！

飲み会はたしかに無駄が多い。だが「飲み会は無駄だ！」というようなつまらない大人になるな。無駄な飲み会から意味を見出せ！　そうすると強くなれるよ。

51

別ルートの自分と今の自分を比較してみる

もしも総合商社で働いていたら、その自分と今の自分を比べて、「ここは総合商社に行ってた方が良かったな～」って思うことが、ほぼほぼないって言えるんです。

読者の中に総合商社で働いている人がいらっしゃるかもしれません。僕は頑張ったけど志望していた総合商社に入れなかったので、すごいなって思います。

しかし今、「理想とする自分にはどっちが近かったのか？」って考えると、全ての項目において今の僕に軍配が上がるんです。総合商社で働く自分も理想とする自分にはかなり近い気がしますが、今の自分の方がほぼ全て勝ってるんですよ。

だから今こうなれたのは、総合商社に入れなかったおかげなんですよね。総合商社に入っていたら、多分それで満足していたと思います。もちろんそれで満足して全然問題ないですし、それも1つの人生です。

でも僕は本当に今の自分で良かったと思っていて、これがどういうことかっていうと、人生はうまくいかないじゃないですか。自分が思った会社には入れない。自分が思った職業には就けない。だけど、うまくいった方の自分を超えられるチャンスはいくつもあると思っているんです。

きれいごとじゃなくて本気でそう思っています。そのために必要なことは、まずなりたい自分を具体的にイメージすることなんです。そして、理想を超える手段にこだわりを持たないことなんです。

どうやったら新卒で入れなかった憧れの会社に就職できるのかってことを模索し続ける。多くの人はそこにジレンマを抱えるんですよ。そこに入れないと自分はダメなんだって思っちゃうんです。でもそれは誤った考えだと思います。

その憧れの会社、理想の職業がなぜ自分の憧れや理想なのか?を考え、それを超えられるようにするほうがどう考えてもＥＡＳＹ ＧＡＭＥ。

あと自分が70歳まで生きていたとしたら、そのときに総合商社で働いていたかどうかは多分どうでもいいし、自分が楽しくて納得のいく人生を送っていれば、それが幸せってもんじゃないですかね。

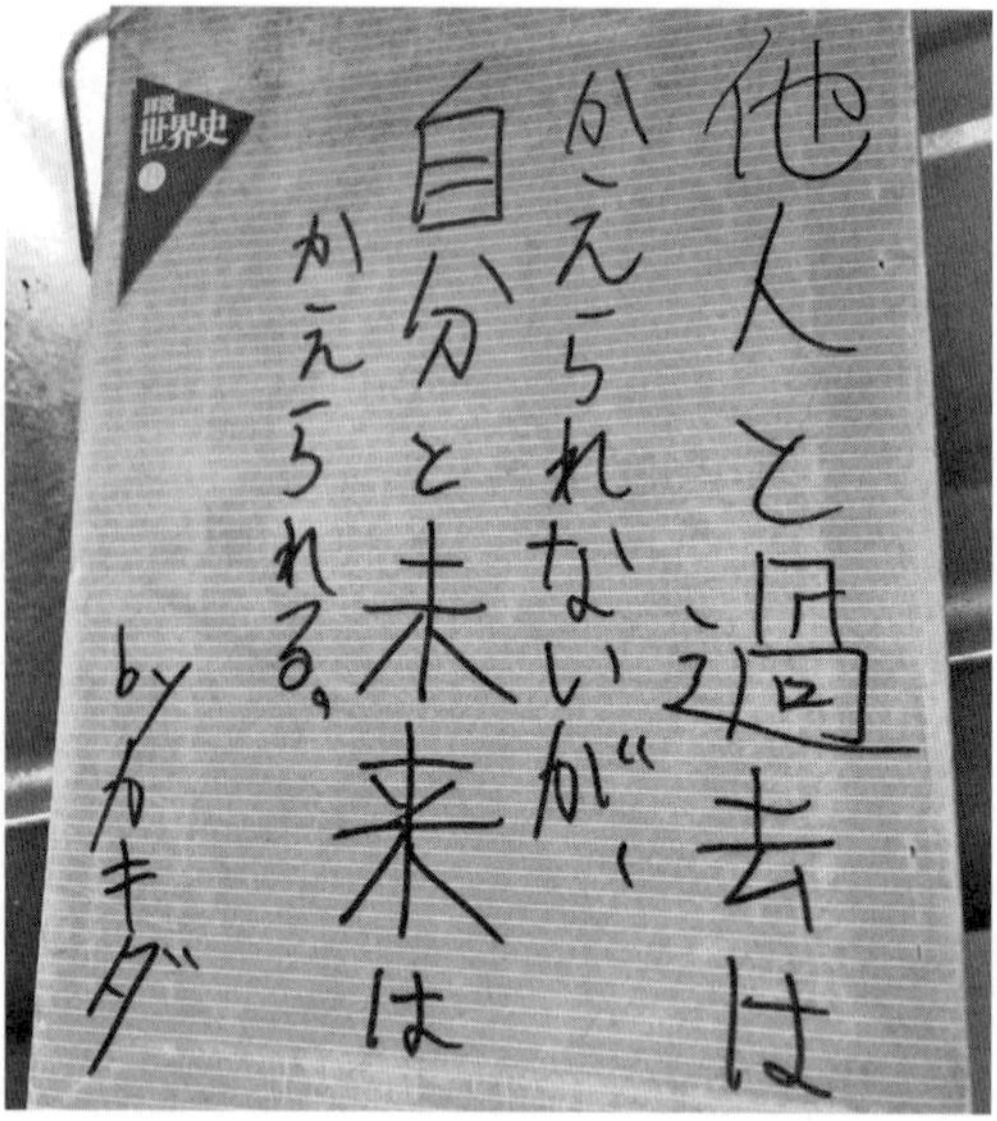
世界史
他人と過去は
かえられないが、
自分と未来は
かえられる。
byカキダ

右の写真は僕が高校生のときに友達の世界史の教科書に書いた名言です。でもこれは1つ間違っています。

他人は変えられません。でも過去は変えられます。たとえ過去にとてもイヤなことがあったとしても、今の自分の人生が充実していたら、その過去の捉え方自体が変わっていくのです。

話は変わりますが、以前足に包丁を落としたことがあるんですよ。そのときはもう予約困難店になってて、3ヶ月ぐらい先まで予約で埋まってたんです。そんな状況で仕込み中に横着して包丁が足に落ちたんです。3針縫う怪我でした。怪我をしたのが18時くらい。でも僕は19時半には店に戻って寿司を握ってました。

僕には休んでいる時間がなかったのです。半年間休みもなかったですよ。半年以降は職人が入って少しは楽になりましたけど、とにかく忙しい。でもそんな状況だと劣等感とか悩みとかがなくなるんですよ。忙しいし、眠いし、きついし、余計なことを考える時間が全くないんです。総合商社のことなんてむしろ忘れてました。

今はちょっと余裕ができちゃって、逆に悩みがあります。いろいろとうまくいってるのにもかかわらず。なので、頑張ってるけどうまくいってない人の方が、意外とラッキーな気さえ僕はします。だって僕は今がつまらなく感じていますから。

だからこそ僕はこれから海外とか宇宙とかに行こうって本気で思ってて、動き出しているんです。

52

自分の理想をズラし続ける

僕が最初に始めた寿司屋はカウンターのみの8席の小さなお店でした。そこから1年でホテルの19階の140席の店舗に移りました。このストーリーは1つの道として繋がっているように周りからは見られていますが、実は全然繋がってない物語なんです。寿司屋をやってる人ならわかると思いますけど、その2つはそもそも寿司屋として何もかも違うんです。「寿司屋」ってことだけが一緒で、全く違うルールの、全く違うゲームをしているんです。

家賃、必要な従業員の人数、仕入れの量、予約の受け方、集客方法などなど、10倍以上のキャパシティーでやるとなると、全く話が変わってくるのです。では、なぜこの無謀なゲームに挑戦したかったかというと、僕は飽きてきてたんです。

「海鮮丼で行列店を作りたい」→「すぐできちゃった」→「やばい、飽きちゃう」→「このままじゃやめちゃう。どうしよう。じゃあ予約困難店になるような寿司屋に変えよう!」→「寿司がそんなに簡単に握れるわけがない」→「できちゃった」→「やばい、飽きちゃう。このままだとやめちゃう」→「どうしよう」……。

そんなことを繰り返していたんです。そんなとき小田急ホテルさんから出店の依頼が来たんです。そのときはやってみたいと思ったんですよ。できないかもしれないけど、やろうと。やってみたいって。

正直、140席のお店をやる上で勝算は何もなかったです。ノウハウはないし、従業員も足りなかったし。やる前はぶっちゃけ五分五分よりも勝率は低かったと思います。一応、もしお店がうまくいかなかった場合、会社が潰れないかだけは計算したんですけど、失敗してもギリギリ潰れないとわかったので、いくと決めました。

結果的にはうまくいったので良かったですけど、失敗する可能性も高かったと思います。

「これも飽きちゃった。どうしよう、やめちゃう」っていう戦いを僕の中で繰り返しているのですけど、飽きないために自分の理想をズラしていたんですよね。

だから今までやってきたことって通常なら延長線上にはないことばかりだったんです

よ。僕は飽きないように敢えてそういう道を選んできましたが、飽きない人生を送りたいと思うからこそ、自分のなりたい姿っていうものは、自分の外側に置いて、変え続けて、そして追い続けてきたんです。

普通は8席の寿司屋がホテルの19階140席に移転しないんですよ。延長線上にないから。でも自分の理想とする有楽町かきだ大将は漫画の主人公なんだからやっちゃう。だからストーリーが漫画の主人公みたいになるのは当たり前なんですよね。**強い。**

53

ライバルはいらない

漫画の主人公であれば、ライバルっていうのが現れて、それを倒すことによって、強くなるっていうのがありますよね。でも僕にはライバルが存在しないんです。

自分の仮想ライバルを作ろうと思えば作れます。ただ僕の場合だったらそれを実在する寿司屋とか、僕の理想を実践する寿司屋の大将にすると失礼になっちゃいます。何十年も寿司を握ってきた職人さんと比べたら技術の差は明らかだし、寿司屋の経営の仕方も全然違うから比べようもないし、自分と比べるライバルがいないんですよね。

あとそもそもの話なんですが僕はこれまでの人生でライバルに勝ったことがないんです。大学受験でも就職戦線でもライバルにずっと負けたんだと思います。だから合格しなかったわけだし。

ライバルに絶対に勝ってやろうみたいな発想が向いてる人もいると思いますが、僕の場合は戦う相手は自分と決めたんですよね。

僕はライバルには勝てなかったので、自分の中に理想の自分を作ったんです。ライバルに打ち勝とうと思ったときに勝てないと落ち込むじゃないですか。

いくら頑張ってもライバルに勝てるかどうかは100％コントロールできないけど、なりたい自分を演じるというのは100％コントロールできるのでアクションなのです。だから僕にはライバルはいらないんです。誰かに勝とうと思ってないんです。

自分のなりたい姿を演じるっていうのは100％コントロールできるアクションです。コントロールできることに集中するんです。もしかしたら自分がやりたい人を演じているなかで、ライバルが出てくるかもしれないです。

でもライバルっていうのは実はあんまり関係ないです。だってライバルがうまくいって自分もうまくいくっていう場合もあるし、ライバルも自分もどっちもダメになる可能性もあるわけですからね。

もっと言えばライバルがいる時点で、ちょっと負けてます。だって比べられるじゃないですか。僕は「有楽町かきだ」が一番わかりやすい例だと思うんですけど、僕のやったことって誰かと比べられますか？

回転寿司チェーンをやってたらスシローさんと比べられますよね。その時点でもう負け確定ですよね。ミドル価格帯のチェーン店だったら、寿司の美登利さんとか銚子丸さんと比べられますね。相当強いですよ。やっぱり勝てないですよね。

3万円・5万円コースの銀座の高級寿司店とも比べられないし、僕のことを何とも思わないと思います。

誰とも「比べられない」というのが一番の強みなんですよ。

【蛎田一博】のライバルは【有楽町かきだ大将】だけなんです。自分が勝てそうなところを見つけて、そこを一点突破しちゃえば、周りにライバルなんか現れないし、誰とも比べられずに、オンリーワンやナンバーワンになれるんです。

本当にそれはすごく重要なことです。僕は誰かを傷つけたりとか、誰かを蹴落とすみたいなことが、意外と向いてないです。嫌われたくないし、それは気を使ってます。

たしかに僕の人生はライバルの出現とか、大きな挫折、逆境みたいなところが足りてない気がして物語的にちょっと残念な部分ではあるんですけど、ぶっちゃけて言うと失敗はちゃんとしています。

ただ僕の立ち上がりが早すぎるから、周りが気がついてないだけなんですよね。

おわりに

今から16年前。高校1年生のときの話です。野球部をやめた僕は監督に「腐ったミカン」だと言われました。父親には「お前は逃げた人間だ」と罵られました。正論でしたが、16歳の子供には本当に厳しい言葉だったなと思います。

あのとき味方をしてくれたじいちゃんとばあちゃんに感謝をしています。ふたりがいなければ、僕の心は折れてどうしようもない人生を送っていたかもしれません。

僕には野球部をやめないという選択もありました。でも練習に身が入らないし、やる気も出ないし、やりたくもないし、これは続けても無駄だと思っちゃったんですよね。

野球はそこそこうまかったんですよ。入学してすぐ試合に出たりしてたんだけど、監督と折り合いがつかず、こんなイヤな思いをしてまで野球を続けたって、甲子園に出るわけでもないし、大学に行けるわけでも、プロになれるわけでもないし、それで飯が食えるようになるわけでもないっていうことを悟ったんですよね。

高校生ぐらいになるとちょっとはわかるじゃないですか。自分はどこまでの才能があるのかとか、どこまでいけるのかとか。もちろん頑張ればいい線までいけたかもしれないですけど、そのときに自分がそんな風に思ってしまった以上、続けていこうという気持ちは完全に折れたわけです。

今思えば16年前の自分が間違ってなかったことを証明するために、僕は今日まで頑張ってきたのかもしれません。

僕は「部活動を続ける」とは違うやり方で自分を伸ばして、強くしようと思いました。学生のときはそれを証明する選択肢が勉強くらいしかなかったから、いい大学に入ろうと思ってましたけど、結局第1志望の大学に受からずに滑り止めの大学に入ることになり、自分が理想としたことよりは、うまくはいきませんでした。

あの頃は「自分を演じる」ということは思いつかなかったし、当たり前かもしれないですが、自分をやっていて、自分の気持ちのままに動いていました。

でも僕は継続の正しいやり方を身につけて、高校時代に自分を否定した大人たちを見返すために頑張っていたのだと思います。

途中でやめたって、その後の人生は長いわけだし、野球部を退部したからといって継続できない人間じゃないと見せてやりたかった。他のことを継続すればいいじゃんって思ってたんです。

今ならわかる部分もあります。多分、高校1年生で部活をやめるような人っていうのは、ほとんどの場合は継続できない人が多い気がします。その後の人生で、何かちょっとイヤなことがあったらスグにやめちゃうクセができるのかもしれません。

一方で、現状の「無理しなくていいよ」「イヤならやめてもいいんだよ」という世の中の風潮に違和感もあったりします。本書をここまで読んでくれたあなたなら僕の言いたいことをわかってくれると思うので、そのことはもう語りません。

本書を書くことによって「あのときに野球部をやめようって決めたお前は間違ってなかったよ」と証明できた気がします。「お前は33歳でなぜか寿司屋になるけども、腐らずに続けてやれよ」って声を掛けてあげたいですね。

最後に余談ですが僕が野球部をやめて16年後、母校の講演会に「社会で活躍している卒業生」として登壇しました。その講演会に僕を呼んでくれたのは、当時野球部の監督だった松永先生でした。

エピローグ

「月で握る〜go to the moon店〜」

あるテレビ番組に出演させていただいた際、お笑いコンビ・オードリーの若林正恭さんにこう言われました。

「蛎田さんはいつか月で寿司を握るって言い出しそうだな。2代目go to the moon」

僕はその日に決めました。

「月で寿司を握る、人類最初の大将になる」と。

月でいつか握るって決めた以上、月に行くまで僕は寿司を握り続けるわけです。そして月に行こうとしている人間が、今は新宿で寿司屋をやっていますけど、そこで終わるはずがありません。

2024年にLAに進出しますが、そんなの当たり前じゃないですか？　だって最終ゴール地点は月なんですから普通ですよね。この先、ニューヨークだろうが、ドバイだろうが、シンガポールだろうが、ドイツだろうが、イギリスだろうが、世界中のどこで出店しようとも、最後は月なんですから驚きはなく当たり前なんですよ。そう思いますよね？

だって僕は月で寿司を握る、人類最初の大将なんですから。**強い。**

有楽町
かきだ

STAFF

装丁・本文デザイン　小口翔平＋嵩あかり（tobufune）
ブックライティング　5歳
フォトグラファー　中村宗徳
イラスト　荒木久美子
DTP　新野 亨
校正　鷗来堂
営業　谷 健一
制作進行　遠山昌美
編集　山田孝一、長谷川裕美子

何者かになるための継続力
修業ゼロで予約困難店を作った寿司屋大将の思考法

2024年1月23日　初版発行

著者　蛎田　一博
発行者　山下　直久
発行　株式会社KADOKAWA
〒102-8177
東京都千代田区富士見2-13-3
電話0570-002-301（ナビダイヤル）
印刷・製本　株式会社リーブルテック

お問い合わせ
https://www.kadokawa.co.jp/
（「お問い合わせ」へお進みください）
※内容によっては、お答えできない場合があります。
※サポートは日本国内のみとさせていただきます。
※Japanese text only

定価はカバーに表示してあります。

ISBN 978-4-04-606653-4　C0030